Aplausos na varanda

- Memórias de uma quarentena -

- 2020 -

- APLAUSOS NA VARANDA -

Copyright © 2020 VANDERLI BELLO e SANDRO VITA
Todos os direitos reservados.

Copyright © 2019 – Por tratar-se de uma coletânea, os direitos autorais sobre cada texto ou imagem é exclusivo de seus respectivos autores. Direitos os quais foram cedidos livremente para esta obra sem fins lucrativos.
Todos os direitos reservados.

ISBN: 9798648659377
Independently published

[2020] ©
O inteiro teor desta obra está sob proteção de direitos autorais, conforme as leis em vigor.

Realização:

Vanderli Bello

Sandro Vita

Capa:

Vinícius Vita

Prefácio:

Mariana Brasil

Autores

Esta obra é composta pela reunião dos trabalhos voluntariamente enviados por cada um dos autores/artistas referenciados abaixo. A cada um deles o nosso mais sincero obrigado por sua brilhante participação e senso de solidariedade para com o próximo.

Adieme Maria Soares Mathias - Alemanha
Adri Zigotto - Reino Unido
Adriano Borges - Reino Unido
Alex Ariel Lane - Nova Zelândia
Alicia Mariah D. Costa - Reino Unido
Alvimar M. M. - Brasil
Ana Clara Coimbra - Espanha
Ana Franke - Reino Unido
Ana Maria Prado Castro - Reino Unido
Ana Paula Almeida - Reino Unido
Andriara Piccoli - Itália
Angela Cardoso – Bélgica
Arthur Cezar Coimbra - Espanha
Beatriz Vettorazzo - Reino Unido
Bella Negreiros – Reino Unido
Chloe Jesus - Reino Unido
Clarice Bomba - Reino Unido
Cláudia Costa - Reino Unido
Cláudia Gomes – Brasil
Cláudia Porter - Reino Unido
Cristina F. Doca - Reino Unido
Daiana Bruce - Reino Unido
Elaine Cortat da Silva - Reino Unido
Eloísa Ávila - Brasil
Erica Scully – Austrália
Fabiana Elias Mesquita - Mianmar
Fátima Andrade Carmo da Mata - Brasil
Fátima Fonseca - Reino Unido
Fernanda Paula Andrade - Reino Unido
Francieli Franke - Reino Unido
Gabriel Piccoli Zanotto - Itália
Gilmar Magalhães Moreira - Reino Unido
Gláucia Peres - Brasil
Helder Fernandes - Reino Unido
Helen Gnocchi – Itália
Itamara Dall'Aba Regis - Reino Unido
J. Morgan Flood - Reino Unido
Janice Mansur - Reino Unido
Jorge W. Feistler - Brasil
Karolina Kashima - Japão

Kátia Fernandes - Reino Unido
Lia Goncalves - Brasil
Liliane de Queiroz Antônio - Reino Unido
Linda Yumi B. Costa - Reino Unido
Lúcia Aeberhardt - Suíça
Luciana Oliveira - Reino Unido
Luis Benkard - Reino Unido
Magda Aparecida Pinto – Itália
Marcia Mar - Reino Unido
Maria Christina Sawaya Heinl - Reino Unido
Maristela Rodrigues - Reino Unido
Nair Pires - Itália
Neli DallAgnese Franke - Brasil
Nereide Santa Rosa - E.U.A.
Newton Silva - Brasil
Nicole Venturini Osterreicher Cunha - Reino Unido
Rebeca Venturini - Reino Unido
Rebeca Dieb Holanda Silva - Brasil
Regina Costa Mello - Reino Unido
Regina Mester - Reino Unido
Rita Queiroz - Brasil
Roberta Mattos - Nova Zelândia
Rosilene Magalhães - Reino Unido
Rosita Maria Bedin - Brasil
Sofia Magalhães - Reino Unido
Sônia A. Pereira - Reino Unido
Stela Cabral - Reino Unido
Stella Pelissari - Reino Unido
Susy Shikoda - Reino Unido
Tânia Neiva - Reino Unido
Thaís Altgott - Reino Unido
Theresa dos Santos - Reino Unido
Tobias Cabral – Reino Unido
Vera Carvalho - Reino Unido
Vilmara Bello - Brasil
Vinícius Vita - Brasil
Vitória Nabas - Reino Unido
Vittoria Bello-Borges - Reino Unido
Vladmir Castellano Oliani - Brasil

Aplausos na varanda

Aplausos na varanda

Seja grande
ainda que pequeno, seja grande
nos pequenos atos e desejos, seja grande
e quando por fora sentir-se imenso, seja grande
recolha-se - porque grande deve ser a alma - apenas

Sandro Vita

Aplausos na varanda

PREFÁCIO

SEMEANDO AMOR...

Medo, esse foi o primeiro sentimento que me envolveu quando o mundo parou por conta dele, um vírus intruso que ironicamente foi chamado de corona, que em italiano quer dizer: coroa. De fato, ele, o corona-vírus, chegou para coroar dramaticamente um dos períodos mais sombrios que nós, humanos, vivenciamos nesse ano bissexto de 2020. Lembro que alguns tinham profetizado que a combinação dos números duplos (2 e 0) era poderosa, mas ninguém poderia prever que a ameaça chegaria através de uma silenciosa guerra sem armas visíveis, que partindo da China, paralisaria quase o mundo todo, culminado numa pandemia que nos blocaria dentro de nossas habitações numa quarentena sem precedentes, muito menos que fizesse a economia mundial despencar perigosamente enquanto a mídia nos bombardeava com notícias, imagens e estatísticas de mortes que se multiplicavam assustadoramente dia após dia. Diante desse panorama de horror e incertezas, inevitavelmente o medo se propagou em todo o planeta terra, contagiando muitos de nós e impedindo-nos de ver a realidade com a lucidez necessária.

O segundo sentimento que vi florescer foi a revolta, afinal, no meu caso, há mais de uma década o meu trabalho na Itália, onde resido há 30 anos, se concentra todos os anos no mês de maio, ocasião em que a A.C.I.MA., entidade que capitaneio, debuta tradicionalmente no Salão Internacional do Livro de Turim trazendo centenas de obras literárias lusófonas dos mais variados gêneros e muitos autores para os eventos que organizo com carinho, uma vez que amo de maneira visceral o meu trabalho. Ou seja, com a pandemia, esse e outros eventos culturais no mundo inteiro foram adiados, alguns até cancelados. E agora, José?

Todavia, veterana que sou na arte de transformar dificuldades em oportunidades, diante da certeza que o mundo jamais será o mesmo depois dessa pandemia, veio a aceitação, seguida da gratidão pela beleza do meu pequeno universo existencial, pela minha família e pela minha casa com jardim que não é enorme, apenas um modesto pedaço de terra sagrada onde posso cultivar minhas flores, hortaliças, frutas e meditar. Um espaço onde todos os dias planto algo e toco a terra com minhas mãos, vejo sementes germinarem, e juntamente com as sementes nascem as ideias, e dessas, passo para as ações. Foi assim que nasceu a 9° antologia bilíngue da A.C.I.MA., denominada: *HUMANIDADE*, porque acredito que é preciso eternizar de todas as formas possíveis, sobretudo através das "Artes", o que estamos vivenciando. E nós, escritores, poetas e artistas em geral, somos formadores de opinião e temos essa responsabilidade humana e social.

Com a certeza que estamos recebendo um recado do universo, me volto para dentro, sei que o caminho para o nosso despertar é interior. Sobretudo, eu sei que o "Universo é Perfeito!", então me deixo invadir pela alegria de estar testemunhado esse momento de regeneração da terra e do homem. Vejo as ruas vazias e silenciosas, o homem parece ter desaparecido momentaneamente e a natureza retoma seu lugar. Vejo o céu mais limpo, o mundo mais silencioso, novos pássaros habitam meu jardim, encantada ouço suas melodias. Vejo lebres invadirem os parques de Milão. Cervos passeiam nos campos de golfe da Sardenha. Golfinhos nadam nas águas do porto de Trieste. Vejo imagens dos canais de Veneza limpos e povoados por peixes, e imaginem, até com água viva, a terra dos meus ancestrais em pouquíssimo tempo se regenerou, que benção.

Compreendo que o milagre se faz vivo no aqui e agora, porque o momento presente é o único que nos pertence, reflito sobre a maravilhosa oportunidade de nesta quarentena pararmos com tudo (mesmo que seja à força) e nos voltarmos para dentro, olharmos dos lados e para os nossos entes queridos com mais atenção. Acredito que a quarentena nos obrigou a redescobrir a potência do altruísmo, nessa emergência ficou ainda mais evidente que juntos somos mais fortes, o próprio respeito pelas regras de prevenção que foram instituídas é uma escolha de altruísmo, ou seja, não saio de casa (sem um motivo de urgência) para evitar causar danos aos outros, e não apenas a mim mesmo. E este conceito não se aplica somente ao corona-vírus, pois sem um esforço altruísta, não vai ter como lidar corretamente com a crise climática e, em geral, o risco autodestrutivo de um mundo insustentável. Ou seja, a meu ver, é o altruísmo que poderá reduzir distâncias econômicas e sociais insuportáveis de um mundo global. Quem sabe, nesse aqui e agora, diretamente dos nossos lares, podemos nos encontrar nessa descoberta, e seguir assim por muito tempo, então poderemos realmente dizer que a utopia individualista (EU) que domina nossas vidas há décadas, finalmente levante a bandeira do "amor" sobre nossas cabeças. Porque podemos sim, porque merecemos perceber a beleza do nascer e do pôr do sol todos os dias, necessitamos degustar o silêncio do mundo e curtir em paz os voos das borboletas nos nossos jardins, nos parques, ou em nossas varandas e janelas. Emocionada, nesse aqui e agora, através da meditação percebo uma serena alegria que exala do meu coração. Grata, compreendo que finalmente desaceleramos!

Como a vida não para, apesar do isolamento obrigatório instituído pelo governo italiano, comovida pela atitude de alguns italianos que durante a quarentena, para quebrar o desconforto do medo e o espectro da solidão, cantavam de suas sacadas para a vida ficar mais alegre, e tendo em vista que a palavra é a minha espada, lancei nas redes sociais o projeto #eusouacimacompoesia, e foi um sucesso. Como estou continuamente em contato com centenas de escritores e poetas, em pouquíssimo tempo o projeto ganhou força e disseminamos muitas poesias no mundo virtual, foi lindo. Daí para as *Lives* diárias com os nossos escritores e artistas foi um pulo, em poucas semanas vimos nossas redes sociais borbulhando de "Poesias e *Lives*", e foi assim recebi o convite da querida escritora Vanderli Bello, residente a Londres, para participar de uma *Live* no seu Instagram. Ou seja, deixei os panos de entrevistadora para ser a entrevistada e foi muito gostoso. Como de coisa nasce coisa, tive a honra de ser convidada para prefaciar essa obra que também nasceu inspirada nas cantorias nas janelas e sacadas dos lares dessa brava gente italiana. Aceitei imediatamente o convite, e mais uma vez emocionada com a força da "lei da atração" que aproxima almas humanas com o mesmo objetivo, nesse caso, o de disseminar amor em prosa e verso, parabenizo a iniciativa da realização da antologia *"Aplausos na varanda"*, sob a organização de Vanderli Bello e Sandro Vita: A palavra é sempre "Gratidão!

Eu sei que muitas imagens e cenas dramáticas, bem como sentimentos contrastantes ficaram impressas em nossa memória afetiva desses dias de medo e solidão doadas pelo isolamento social, foram muitas as vidas ceifadas sem nem mesmo a possibilidade de uma despedida religiosa ou um funeral com a família. Jamais poderei esquecer a imagem da fila de caminhões militares carregados de caixões desfilando nas estradas de Bérgamo (Itália) em direção ao crematório. Como não mencionar o rapaz que surtou depois de dias e dias fechados num apartamento no centro de Milão (Itália), que numa manhã, perdendo a razão, saiu correndo nu em pleno *Corso Bueno Aires,* uma das avenidas mais conhecidas da metrópole da moda. Vale ressaltar que em tempos de pandemia o nosso sistema emocional pode nos pregar peças embaraçadoras. Como esquecer o dia que o tenor italiano Andrea Bocelli silenciou o mundo ao caminhar do altar do Duomo de Milão até a área externa da centenária construção, ele cego, alcançou o microfone e entoou divinamente a belíssima música *"Amazing Grace",* que conta a história de uma alma perdida que encontrou em Deus a esperança. Palavras sobram...

É nosso dever registrar aqui uma homenagem especial aos profissionais que atuaram na linha de frente nessa pandemia, eles, os médicos, enfermeiros, bombeiros, assistentes sociais e voluntários vários, foram verdadeiros heróis. A verdade é que os únicos responsáveis pelo cuidado da nossa casa somos nós, e esse planeta azulzinho que nos acolhe é a "nossa" casa, que sejamos capazes de cuidarmos dele com mais respeito e amor.

Gratidão e Aplausos a todos os coautores que contribuíram para a realização dessa obra.

Boa leitura! Com Amor!

Mariana Brasil / Sonia Miquelin

Escritora / Editora / Palestrante Internacional

A.C.I.MA. Itália

Vittoria Bello-Borges - 13 anos – Reino Unido

Um novo mundo

De repente o mundo acordou diferente, pensando na vida como era antes. Nós nunca saberemos. Antes que podíamos ouvir o movimento e barulho na rua, acordamos nos sentindo infelizes e diferentes, assim como o mundo. As pessoas que amamos não podemos ver mais e nossos amigos, e quem nos amamos não podemos abraçá-los ou conversar com eles como costumávamos. Covid - 19 mudou a todos e tudo, uns mais que os outros. Todo mundo costumava se amar, mas agora estamos loucos de amor, pois isso nos mostrou o quanto valorizamos o amor. A vida virou de cabeça para baixo. Todas as gerações mudaram: Os idosos começaram a usar a tecnologia ainda mais, a geração jovem começou a usar a tecnologia mais do que nunca. A tecnologia agora dominou o mundo.

2020, que começo de ano, ufa! Fico olhando pela minha janela, vendo o tempo passar. O tempo não é uma prioridade agora, costumávamos querer o tempo todo do mundo. Bem, agora temos esse tempo. O que fazemos com isso? Agora, temos o tempo e não sabemos o que fazer com isso, estamos todos confuso e perdidos na vida. Dizem que devemos usar nossa criatividade nesse tempo que estamos em casa, mas o pensamento de diversão faz pensarmos em nossos entes queridos e amigos. Como era bom estar perto deles e se divertir. É difícil se despedir de alguém quando você não esperava que algo tão trágico acontecesse.

Por outro lado, temos um mundo em que o crime e as ofensas diminuíram e nosso mundo pode estar melhorando, pois não usamos nossos veículos tanto quanto antes da quarentena. Tudo isso está sendo uma nova experiência, surgindo novas ideias para transferirmos a vida normal. Quando eu saio lá fora, tudo que eu vejo são zumbis, as pessoas do mundo foram transformadas. Todos os países estão sofrendo, alguns mais que os outros, mas todos precisamos cuidar um do outro, pois todos vivemos no mesmo planeta chamado Terra. Podemos ser de diferentes continentes, mas somos um só. Covid - 19 nos mostrou o melhor e o pior, mas cabe a cada um de vocês escolher qual deles deseja. Mais uma vez, eu olho pela minha janela e pergunto ao mundo lá fora: "As coisas vão voltar a ser como eram?" Teremos que esperar e ver.

Beatriz Vettorazzo – 13 anos – Reino Unido

Chloe Jesus – 6 anos – Reino Unido

Beija-flor

O meu amor não é como o vento que sopra e que

De hora em hora

Bate à janela

Numa tentativa de que os olhos vejam sua invisibilidade desumana

Mesmo sabendo que os olhos não veem

Ele bate à janela

Pois a porta sempre está aberta

A porta é aberta

Quando o vento bate

Por fim o meu amor não é como o vento

que bate

Ele sangra

Escancarado

No meio da pista a céu aberto

Enquanto os beija-flores à espreita

esperam esfriar

O meu amor sangra

Como os ingênuos

Que sofrem

Porque não querem lutar

Rebeca Dieb Holanda Silva – Brasil

Desafiador

    Desafiador é não poder tocar seus pés na terra por que não os tem ou pelo qual não te deixam caminhar, não colocar sua voz para fora porque não a possui ou porque não te deixam expressar, desafiador é não ver as cores do mundo e apenas imaginar, desafiador é não ouvir um poema quando estão recitando por que você não tem audição ou porque não te deixam ouvir, desafiador é querer abraçar o mundo e não ter braços, ter suas asas podadas e não poder decolar, mas mesmo assim com o tempo isso acaba ficando tranquilo, você vai se adaptando e para de sentir tais vontades, você aprende a viver com aquilo que tem e desenvolve outras capacidades para sentir de outra forma, sentir de outra maneira. Cada um tem suas dificuldades na vida e aprendem com elas, trabalhando outros sentimentos, outras maneiras de viver e ser, não se entregar aos obstáculos é a parte mais importante para um novo jeito de viver, nada é errado nessa vida, sendo feito com honestidade e sem machucar ninguém.

    Tem momentos que realmente nos abatemos e nos sentimos perdidos, mas esse sentimento é apenas para que possamos refletir e achar um novo caminho. Tudo isso é para te dizer que entendo como pode parecer difícil, você não está errada, está agindo conforme sua bagagem na vida, seus medos, suas crenças, suas dores, seus amores, você e aquilo que vivenciou até hoje, aquilo que acreditou até então, crenças antigas que talvez vieram de seus avós, pais, professores, padres, mestres...

    Chega um momento que isso começa a incomodar dentro de você ou não. Talvez comece a te incomodar a partir de agora e você pense em todas essas travas que aconteceu em sua vida. Este é o momento que o próprio mundo te convida a olhar para o lado, olhar para próximo, olhar para dentro de você e olhar para o todo. veja que tem problemas grandiosos no mundo, não que o seu não seja, veja que tem problemas coletivos e individuais, os seus problemas tem sua grandeza dentro de ti e os do mundo tem sua grandeza para todos.

    Os problemas do mundo dependem de muitos para resolver e o seu apenas você.

    Quando você muda (interior) o mundo ao seu redor muda. Um está ligado ao outro, o planeta parou e te fez olhar para dentro e é dentro de você que está a chave da mudança que mudará o mundo, por que a partir daí será diferente a sua forma de agir, sentir e olhar o novo mundo.

Adri Zigotto – Reino Unido

" Deus, tira esse vírus malvado

　　　porque eu estou com saudades

　　　　　da minha vovó e do meu Dedé "

Vladmir Castellano Oliani - 5 anos - Brasil

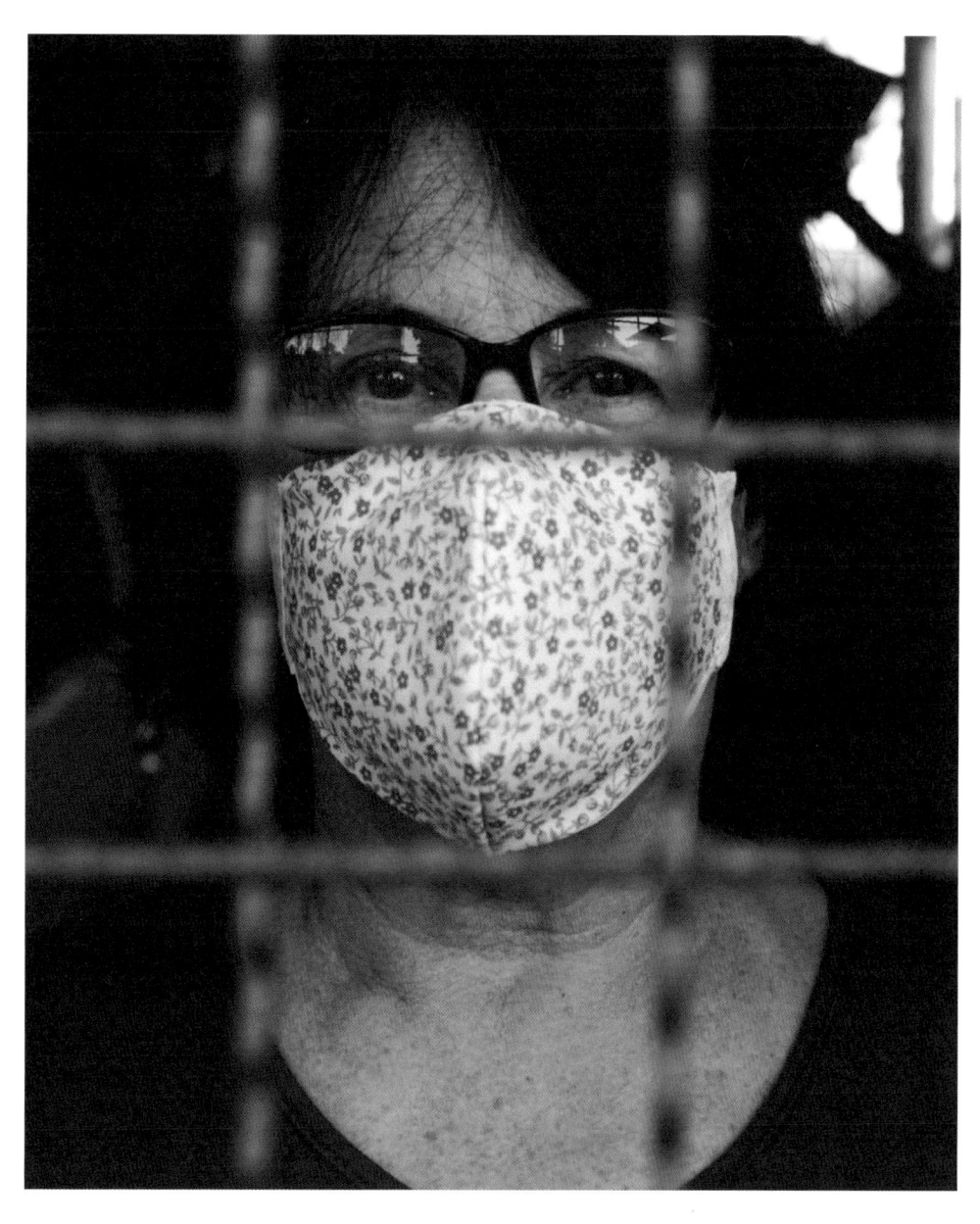

Vinícius Vita – Brasil

- Haverá Mudança Interior?

E de repente algo invisível chegou no planeta Terra!
Entrou no nosso Mundo sem pedir licença, deixando marcas profundas na vida, na alma de cada um de nós!
E agora? Essas marcas nos farão refletir quem nós somos e quem são os outros?
Será que aprenderemos o verdadeiro sentido desse tempo escuro que caiu sobre nós?
ESPERANCA! Essa é a palavra chave que está dentro do meu coração!
CRER que nós podemos mudar o que nos destrói internamente!
Dias tristes, dores profundas, em breve chegarão ao fim!
E o nosso dia a dia não será e não deverá ser como antes! Haverá mudanças!
Seremos mais atenciosos com o próximo? Sim!
Cuidaremos com firmeza da nossa terra? Sim!
Que a dose de otimismo seja duplicada em nossas mentes e acreditar que é tempo de renovação!
Agradecimento eterno pela nossa existência!
Que tornemos nossa morada terrena um ambiente de amor!

Adieme Maria Soares Mathias – Alemanha

O imigrante

Quem sou eu? Onde estou? Sou aquele que chorou e a mãe não viu. Sentiu medo, mas não desistiu. Único e especial, porém agora num terreno hostil. Ainda que perdido não desistiu. O caminho é longo e a vontade de voltar é varonil. Porém o passado é inacessível e assim ele seguiu. Quem sou eu, onde estou? Sou o estrangeiro que surgiu em confronto com um sistema muito ardil. Sou aquele que acha que inexistiu, mas que ao mesmo tempo sempre luziu.

Adriano Borges – Reino Unido

Quando o Mundo Parou.

Gira o mundo, roda o pião,
De repente o mundo deixa de girar,
Teus habitantes presos dentro de casa,
Por um vírus que pode o teu povo dizimar.

Chegou o tempo para refletir,
Medir e pensar na consequência,
O mundo se encontrava fora de órbita,
Esse vírus é a razão para vermos nossa consciência.

As pessoas não tinham mais tempo,
Era um corre corre desenfreado,
O mundo girava sem controle,
Cada qual no teu espaço desolado.

Uma brecada de súbito aconteceu,
Em pavoroso o mundo se tornou,
Os cinco continentes em estado de isolamento,
Para evitar a disseminação do vírus do terror.

Que coisa estranha esse vírus,
Tão perigoso e fatal,
Na tua origem não foi devastador,
Mas, no resto do mundo se tornou uma arma letal.

Qual o ministério que existe,
Nessa coisa sem vida e devastador,
Ao adentrar no teu organismo,
Transforma o exército do teu corpo em traidor.

Alvimar Moura Matos – "O Poeta Mineiro" – Brasil

A Pausa

Corre pra chegar na hora
Corre pra voltar á tempo
Corre, antes que seja tarde
Corre contra o vento

Acorda cedo
Dorme tarde
Sempre cansado
Desliga o alarme

A pausa chegou
Sem hora marcada
Não avisou que viria
Nem de quanto tempo é sua estada

Tão desejada foi a pausa
Rogada nas orações
Dai-me sabedoria Senhor
Nas minhas decisões

Com a pausa veio o silêncio
O eco dos pensamentos
Deu-se voz ao coração
Afloraram-se sentimentos

O coração ficou confuso
Questionou o consciente
Consciente ficou calado
Coração se viu valente

Aquela força tão esquecida
Escondida na falta de tempo
Agora confronta cada minuto
Por que esperastes por apenas um momento?

O momento é um instante

Foi ontem e será também amanhã
Na espera do ideal
Deixastes de ver o principal.

Lição

Tudo tem sua hora
Hora de parar
Recomeçar
Refletir e sentir
Mudar hábitos
Mudar o rumo

Pára quieto!
Pára em casa!

A hora agora é de pagar
Pelo preço do nosso egoísmo
Pela liberdade que não demos valor
A comodidade que rapidamente virou necessidade
Privilégio que deixamos de ver

Fica em casa, quem tem casa
Fica em casa, quem pode faltar
Ficar em casa ficou difícil
Pior seria não poder optar

Pára um pouco
Pára e pensa
Bate palmas e agradece
Se a vida lá fora segue
Tem alguém sem esta opção
Colocando-se em risco
Para quando voltarmos
Termos aprendido a lição.

Confinamento

Confia

no
Momento

Ana Franke – Reino Unido

Sinto que estou presa em uma guerra sem fim contra o mundo e um vírus. E o vírus está vencendo, mas sei que o N.H.S não nos permitirá sermos vencidos. Também estou feliz por estarmos presos porque temos mais tempo para família, brincadeira, escola e muito mais. Eu vou falar por todos. Por que você veio vírus e destruiu o ano de todos? Nunca mais volte, porque estaremos prontos para lutar!!!!!!! ASSIM se você vier de novo até NÓS, VOCÊ VAI Lamentar !!!!!!!!!!!!!!!!!!!!!!!!!!!!!!!!!!!!!

Então, todos vocês, adultos e crianças, não tenham medo, porque o NHS nos salvará, não importa o que seja, então o NHS É 10000000000000% MELHOR que tudo, depois que o vírus se for, você irá poderá viajar para o mundo todo, você terá presentes, festa, comemorações e você continuará a pedalar, andar de bicicleta, pescar, andar de barco, pegar o taxi, jogar e brincar com os amigos e continuará também a ler, escrever, aprender e ensinar. Você poderá ver as pessoas que você conhece e ama.

ANA MARIA PRADO CASTRO – 9 anos – Reino Unido

O espremedor de batatas

Para a minha mãe, Thais Melo Silva

Outro dia fui fazer um purê e fiquei amassando as batatas com a colher de pau, mas elas ainda não estavam no ponto bom para serem amassadas. O certo seria cozinhá-las mais um pouco, mas eu estava com pressa para o almoço sair e insisti na força manual com a colher na própria panela. Sem sucesso, olhei para o *mixer* que estava perto de mim e pensei "por que não?", enfiando-o logo na panela mesmo, para chegar no ponto de purê. Então entendi porque não se processa a batata cozida: o resultado foi uma papa pegajosa, que imagino que deva ter ficado assim pelo amido liberado na quebra das células da batata.

Perdi o purê e me lembrei do espremedor de batatas de alumínio da casa da minha mãe, daqueles que a batata passa pelos furinhos e sai se contorcendo em várias tirinhas do outro lado. Não entendi porque eu não tinha um desses em casa. E pensei que, mais do que ter o espremedor de batatas na minha casa, eu queria ter alguém que fizesse o meu purê de batatas hoje. Só o purê, só hoje.

E então pensei na minha mãe, que está em casa sozinha há tantos dias sem alguém pra dividir a mesa com ela. Como eu queria cozinhar pra ela, almoçar com ela, rir da minha gororoba de batatas que não foi à mesa, mas que provocaria um ataque de risos de doer a barriga, como já aconteceu com tantas outras bobagens na nossa intimidade de mãe e filha.

Não sei quando vou poder encontrá-la, abraçá-la, fazer um purê de batatas na cozinha dela, mas ela precisa saber que sinto muito a falta dela. Decido ligar pra ela mais tarde. Antes, penso no que fazer com as batatas processadas e me lembrei da "Madalena" que a minha sogra fazia, uma receita que basicamente leva purê e carne moída ao forno. Quando ligo para a minha mãe, conto a história toda e ela me mostra o espremedor de batatas do outro lado da câmera, para se certificar de que era o mesmo que eu estava querendo. Sim, era exatamente aquele. E então ela promete me dar um na próxima vez que nos encontrarmos. Presente do encontro pós Covid-19.

No jantar, meu marido teve a doce lembrança da mãe através da receita de forno com o purê e meus filhos conheceram a comida preferida dele na infância. A conversa não parou por aí e ele contou mais sobre a mãe e as brincadeiras de quando era criança. A vasilha terminou vazia, o coração cheio. E o espremedor de batatas? Estará me esperando na casa da minha mãe, junto com o abraço demorado que quero ganhar quando nos encontrarmos.

Ana Paula Almeida – Reino Unido

Alex Ariel Lane – 5 anos – Nova Zelândia

Decifrando os sinais da quarentena

No dia 20.02.2020 (6 dias antes de iniciar a quarentena na Itália) para quem estuda os astros sabe que foi um dia "portal" para o percurso de despertar da consciência humana.

No meu diário escrevi:

"Hoje foi um dia muito especial. Percebi o portal e a abertura, tive INSIGHTS de como a vida é especial por simplesmente ser vida e qualquer forma de impedimento à LIBERDADE de vive-la é algo a ser ENFRENTADO. Se não tem leveza, se está muito difícil, se dói ou angustia, se tem conformismo, se é morno, se não eleva, ao contrário, oprime, se não é por AMOR, pelo bem, para curar, para curar-se, então é para deixar ir, olhar, observar, desapegar e soltar. Hoje senti que NINGUÉM é CONTRA MIM, ao invés disso, sempre poderei trabalhar algo em mim através dos eventos que a vida me propõe e das pessoas envolvidas neles, também posso perceber esse mesmo efeito "espelho" através das plantas e dos animais etc. Hoje minha cachorra "Doggy", que tem por habito ficar parando o tempo todo quando a levo para passear, me colocou para correr. Não parou nenhuma vez e simplesmente correu. Quando percebi isso e vi meu corpo se movendo pelo impulso dela, comecei a sentir uma imensa ALEGRIA, então comecei a AGRADECER a esse fofíssimo Ser, e ao seu gesto inusitado, mostrando-me o que eu estava precisando naquele momento. Quanto mais eu AGRADECIA: GRATIDÃO DOGGYYYY!!!, mas ela corria. Chegamos em casa, ela estava sorrindo e eu também. Eu que antes estava gelada, por ter passado muito tempo sem movimento, me aqueci completamente e estava me sentindo leve, tranquila e FELIZ. A partir desse dia estipulei a meta de fazer o mínimo de 10 mil passos ao dia. Um simples evento e tantas coisas boas, tantas percepções.

Na PRESENÇA desse dia vi um nascer e pôr do sol de uma BELEZA que me levou a comoção. Ao final desse mesmo dia meu filho de 12 anos decidiu preparar o jantar. Agradeço novamente por poder compartilhar a vida com esses seres e aprender com eles."

Assim conclui o relato desse dia magico e lendo essa mensagem hoje, dia 20.04.2020, depois de 54 dias de quarentena, posso fazer uma análise da importância desse poder de observação e de presença para os dias que se seguiram. Afinal, definitivamente estamos vivendo tempos nada convencionais.

Entender a diferença entre sobreviver à quarentena ou evoluir a partir dela, tem a ver com algo que precisávamos ter desenvolvido antes, pois eventos como este, nesse caso englobando literalmente o universo (se avaliarmos os planetas que entraram em alinhamento nesse ano), acontecem nos nossos micro universos o tempo todo, como em um micro ensaio para a MACRO complexidade que é a vida e seus mistérios. Porém, estávamos mentalmente muito ocupados para sentirmos, ouvirmos e colhermos a grandiosidade do que estava por acontecer. Então se eu recortar, em meu relato de fevereiro, o trecho "aquilo que me tira a liberdade deverá ser enfrentado", pensando no MACRO, meu papel agora é continuar sem liberdade para poder ajudar, mas as dores e angustias relativas a falta de liberdade estão presentes. Então o que seria esse enfrentamento, nesse caso?

Bem, já que não cabe a mim resolver o motivo por estarmos "presos" em nossas casas, cabe a mim voltar para o meu micro e avaliar a minha liberdade interna como está. A liberdade interna é cerceada sempre que não olhamos para as nossas dores e não conseguimos ainda rever (diferente de reviver) as nossas ideais formadas sobre a vida, as quais foram geradas em algum momento, através de algum evento passado e da nossa leitura sobre ele. A nossa liberdade deixa de existir se o ambiente externo é quem controla as nossas emoções. Eu posso andar livre pelas ruas, porém jamais serei livre se não tenho a capacidade de silenciar e ouvir a voz do meu SER, se dependo de substancias, pessoas, olhares ou outros estímulos para acessar um lugar de calma.

Eu também não sou livre se preciso de grandes eventos, ou de um cenário especifico para ser feliz. Não sou livre ainda se preciso transitar entre os momentos passado ou futuro para encontrar justificativas para não encarar o momento PRESENTE. Falta liberdade quando preciso julgar o outro quando sinto qualquer desconforto sobre quem eu, julgando a mim mesmo, penso que sou ou gostaria de ser/ter. Poderia continuar ainda falando sobre como a nossa mente nos conduz a essa prisão invisível, nos mantendo em uma ilusão de liberdade ou um não merecimento desta, enquanto vagamos pela vida. Vejo falta de liberdade também quando meus olhos não conseguem ver a beleza e abundância ao meu redor. Concluo então que liberdade e vida não têm a ver com a não existência de muros e um coração que pulsa, respectivamente.

Gosto de pensar na quarentena como uma oportunidade MACRO, através do grande movimento, dor e desconforto gerado, para do lugar ou ponto em que nos encontramos, podermos exercitar essa auto regulação interna e criarmos esse espaço de auto observação e escuta, para irmos tirando as camadas mentais e acessarmos essa nossa ESSÊNCIA, um espaço onde a vida continua pulsando e a energia flui apesar de todo o caos, da falta de liberdade e até da "não vida". E se eu me perguntar se existe uma palavra que defina o primeiro sentimento que busquei para iniciar a caminhar nessa direção, posso afirmar com toda a certeza que a Gratidão, aquela vinda do coração, é o sentimento que pode colocar qualquer ser em caminho.

Gratidão à vida por estar aqui no planeta nesse momento!!

Andriara Piccoli – Itália

Aplausos na varanda

26-04-2020 / LONDRES

Hoje me deparo com uma incerteza que me assombra. Estar na luta contra um inimigo invisível Covid-19.

Trabalho em hospital e sou responsável pela alimentação de 22 idosos. Nunca pensei em viver o que estou vivendo, em um minuto você comemora o resultado de um paciente que se recuperou e em instantes chega a notícia de que outro paciente não resistiu.

Lidar com essa enxurrada de emoções está sendo muito difícil mas também um aprendizado. A única certeza que tenho é que o momento é de união, amor ao próximo, solidariedade, afeto, fé e de esperança.

Podemos vencer essa batalha, fazendo nossa parte e não menosprezando os fatos.

Fica aqui meus aplausos para todos os profissionais que estão se arriscando todos os dias ao ir para o trabalho, pois ao voltar para casa não sabemos se estamos levando o vírus junto. Para todos que estão ficando em suas casas e ajudando assim a não propagação do vírus.

O apoio e a colaboração da população é fundamental.

E sim, os aplausos nos revigoram, nos dá esperança e nos enche de energia.

Gratidão pela vida.

Rebeca

Rebeca Venturini – Reino Unido

Nicole Venturini Osterreicher Cunha – 10 anos – Reino Unido

Paraquedas amarelo

Com que roupa você vai enfrentar o seu mundo?
Outro dia uma amiga colocou no facebook...sim nesse momento virtual de nossas existências, todas as telas, suportes em papel, ondas etc...são bem vindas.
Pois então, outro dia uma amiga, que é claro também está presa em casa sem poder sair porque esse vírus colorido em vermelho ou meio roxo...as cores aqui devem ser muito interessantes desses « monstrinhos ». Li inclusive, juro que li, que fizeram uma pesquisa cientifica e essas vírus que não são nada simpáticos, podem emitir frequências e que daria até uma música...não ouvi a tal musica mas imagino uma desafinação que nem aqueles que ficam pregando o fim do mundo pelas ruas aqui e ali....ai eu divagando...
Mas voltemos à historinha que eu ia contar. Uma amiga estava lá sentada no seu jardim. Ai que sortuda né? Eu to aqui só na janelinha mesmo...Mas vou deixar de ser chata e contar logo o que interessa. Ela mostrava e sugeria a leitura do livro que fala sobre a cor do seu paraquedas (Richard N. Bolles)...aí fiquei pensando...se eu tivesse um ele seria amarelo.
E porque amarelo??? Aliás porque um paraquedas???E onde foram parar as minhas teorias de que um dia ainda iriamos viajar todos com roupas que já tivessem tudo para ter paraquedas e que inflassem ao contato da agua e que ainda de quebra ficassem numa boa temperatura...e que não deixassem os tubarões não viessem na gente. Quando pensei nisso tudo ainda nem tinha andado de avião, mas já pensava. Sempre soube que ia andar de avião, de barco à vela, e ainda falta ir num navio...mas já andei de balão. E naquela cestinha confesso que fui só pensando GENTE DO CEU...esse negócio é frágil...somos 10...ainda bem que não tenho fotos do meu sorriso certamente amarelo, mas toda feliz de ver a paisagem lá de cima. Inesquecível. Pra mim sempre foi assim, penso no paraquedas amarelo, mas não deixo de viver a aventura não. Já tive num temporal numa ilha, a ilha da minha infância. Pancaraiba...e lá amigos o negócio é forte, você sente a ilha, tudo balança...mas nunca deixei de querer ir lá. Numa outra ocasião eu conto sobre esse lugar. Mas voltemos à minha roupa protetora. acho que pensei em tudo ha haha.
Mas de repente fiquei pensando porque essa mania de saber onde fica a porta de saída, a maneira de sair das coisas...
Imagina só pra uma pessoa que tem mania de viagem, busca saídas e portas etc...pode estar se sentindo aqui assim fechadinha...pior do que um leão na gaiola...e nem consigo dormir tanto assim...ou quase...enfim...quando sair de tudo isso, vou ver se alguém me desenha a minha roupa para viagens, um modelo quase astronauta, amarelo, off course, que possa ser elegante, com opção de mochila para o paraquedas e que seja inflável ao contato com a agua e que tenha uma boa espessura pra não sentir o frio da agua...bom será que eu pensei em tudo???Ah e uma garrafinha de agua pra beber enquanto eu aguardo o socorro, afinal vocês vão me procurar né? Como assim???
Claro que sim, esse ponto eu sempre tive certeza, sou única e muito sortuda, muita gente sempre gostou de mim...aí se saber amada é BAOOOOO.
Aí gente bateu aquela preocupação...cera___2 que eu me imagino assim muito querida e nem é verdade? Vou ter que diminuir as palavras porque senão eu não vou caber em nenhuma antologia.
E deixo aqui pra vocês a pergunta, de que cor seria o seu modelo de roupa para enfrentar o mundo? O que

carregaria assim pra você sozinho?

Angela Cardoso – Bélgica

Tânia Neiva – Reino Unido

O maior presente do mundo foi descobrir o verdadeiro amor na simplicidade do universo e perceber o quanto esse amor me faz tanto bem.

Quanto mais esse amor me carrega no colo, através das correntes de ventos que sopram a favor das pessoas de bem, mais me apaixono, me entrego e me deixo envolver com tanta simplicidade.

E assim, vamos seguindo nos encontrando em lugares inimagináveis e por tempos intermináveis, com simples propósito de sermos inesquecíveis e eternos.

Sentindo um vazio profundo em minha alma pedindo para a velocidade da luz cruzar meu tempo e espaço e com ela transportar meu imaginário ao mundo real aonde as dúvidas, os erros, a agressão já se transformaram em amor, desejo, carinho....Os instintos que por milênio já me acompanhavam, agora mais forte, e leva ao imperdoável aonde apenas um pouco de tempo a dois pode harmonizar o meu íntimo.

Agora o imperdoável caminhando com o perdão tornaram-se uma única força, como o claro e o escuro que ao cair da tarde se entrega à escuridão passando por "vários tons de cinza" (Rs) Até atingir o máximo de sua dor e se libertar mais uma vez a claridade.

Sentindo o inexplicável, apenas sentindo sem medo de fugir deixando fluir a energia do amor, o amor sexual de mulher devoradora agora caminhando com o coração. Somente com a energia cobrindo seu corpo como se estivesse vestida para uma batalha no paleolítico; no início de tudo, guerreando para manter sua espécie viva, em alerta, criando movimentos para explicar seus sentimentos, criando suspiros para explicar seus desejos, criando lágrimas para explicar seu ápice. Todas as formas de amar em movimento criando uma única dança com a delicadeza de "Edgard Degas" e o ritmo da dança de "Henri Matisse"...Se entregando ao inevitável e inabalável movimento chamado AMOR!

Bella Negreiros - Reino Unido

Vale a alegria de viver

Eu poderia falar sobre felicidade ou
assuntos relacionados a prosperidade…
Mas nada disso adiantaria, se sua conexão
não estiver no amor e na gratidão.
Se a vida, pra você não tem valor
o que adiantaria eu falar deste amor??
Eu vou então tentar te convencer do quanto vale a pena viver…
Mas...pra isto, precisamos olhar a vida com lentes diferentes…
E curar de vez a miopia que nos impede de ver a bênção que é viver…
Para viver é preciso coragem!!
Sim, coragem!!! e muita força de vontade.
Coragem e fé pra ver que existe a nossa frente um caminho reluzente, e que neste caminho,
tem gente…
Gente que ama a gente…
Gente igual e gente,
Gente diferente da gente…
Gente também tentando seguir em frente.
Acordar todos os dias, mesmo que sem vontade, e achar novas possibilidades
Acreditar na nossa capacidade infinita e olhar o quanto a vida é bonita.
Vamos prosseguir meus irmãos, e não vamos nunca esquecer que nascemos, todos para vencer.
O olhar deve ser direcionado para frente,
E se tiver que olhar para trás, que seja sem lamente.
Olhe ao seu redor, tem irmãos que estão em situação pior…
Mas em todos os casos o amor de Deus é maior.
É muito mais edificante, olhar para o caminho
adiante, por que desistir da vida não é nada interessante,
E te garanto!!! que do outro lado não tem nada para ver
pra quem desistir de viver.
Nesta vida não sou letrada nem tão pouco doutorada,
Mas meu maior título é a gratidão que tenho no meu coração por toda a minha jornada.
Algumas pessoas me criticam… outras acham isso tudo
uma palhaçada. Algumas ainda me perguntam, Porque???
Porque eu me importo tanto com o outros, se na maioria das vezes eu não ganho com isto, nada.
E minha resposta sempre será a mesma: "eu me importo também com você,
mesmo não tendo sua essência ainda despertada
Uma vida não pode ser vista como algo que não vale nada…

Devemos cuidar dela, pois a vida é sagrada, e deve ser todos os dias por nós honrada e reverenciada.

Clarice Bomba –Reino Unido

Tobias Raphael Maciel Cabral – 7 anos – Reino Unido

*O desenho expressa a vontade dele de correr e brincar no parque, expressa a liberdade.
- Stela Cabral – mãe do artista Tobias.

Da Varanda

Ilusão que se estampa num refúgio de confiança.

Paz e alegria que se compartilha todos os dias.

Encontro de gerações numa mescla de emoções.

De manhã vejo Flores, árvores e pessoas.

Ao cair da noite, aplaudindo intensamente.

Homens, mulheres e crianças agradecendo o valor de muita gente.

A varanda da vida, do dia a dia e da fantasia.

Como um Jogo de criança vai pintando esperança.

No brilhar de um novo dia.

Meu olhar pela varanda busca segurança.

Amparar as crianças a viver com esperança.

Saudar novos amigos para conviver com fé e ilusão.

amigos novos e velhos, mas grandes amigos

Da varanda, sairemos todos com ânimo, fortaleza e valentia.

Alegrando a nossa mente com muita sinergia.

Vamos sorrir, cantar e jogar para tudo melhorar.

Cláudia Costa – Reino Unido

Quem restará?

Quando não tivermos mais o que conversar

E com quem segredos trocar

Quando não tivermos mais o que plantar

E com quem abrilhantar

Quando a saúde acabar

e as roseiras não brotarem mais

As lindas flores dos apaixonados

Das pessoas que buscam os abraços

Quando as palavras desgastarem

Sufocarem

E os ventos as levarem

Quando o silêncio não for mais possível

Não for mais acessível

Quem restará para andar contigo?

Tenho dúvidas dos tantos sorrisos

Que somem

Quando mais preciso de abrigo.

Quem restará?

Cláudia Gomes – Brasil

Incertezas

Repentinamente em nossas vidas uma grande modificação

A notícia de um vírus de grande contaminação

"Certezas" são uma grande ilusão!

O momento pede introspecção

E conectar-se com aquilo que te dá tesão!

Confie, dias melhores virão!

Cristina F. Doca – Reino Unido

"Cinco flocos de neve em pé,
As cabeças baixas em pensamento,
Parados atentos, cheios de vida.
Veja só o verde
Que brilha a luz do sol,
O branco, Inocente e claro.

A família unida se aconchega
Mesmo que distante."

Claudia Porter – Reino Unido

É um novo tempo!
Um bom sentimento está chegando ...
Não fique Ansioso, Estressado, e por favor não tenha medo de nada, pois Deus está no controle de tudo!

Pegue suas melhores roupas e sapatos, coloque sua maquiagem e fique bem linda
Organize dentro de seu coração, limpe todos os maus sentimentos e ao seu redor!
Tenha em mente que você não está trabalhando fora, mas ainda está fazendo algo, portanto faça o seu melhor!

Acorde e organize-se para isso!

Durante a quarentena, Eu tenho reorganizado gavetas, guarda-roupas, rearrumado a casa, mudado coisas de lugares.

Tenho doado muita coisa, e principalmente ensinado meus filhos Português, a cozinhar, conto histórias da bíblia dentre outros livros, enfim tenho procurado ter um tempo de qualidade com minha família.

Até aquela ideia de escrever um livro está saindo do papel, e logo poderei contar ao mundo de forma escrita o milagre da vida de Eliza, Edward e Elaine.

Vamos usar este tempo em casa para produzir coisas boas e afastar as coisas ruins. Que tal estudar? Cantar? Dançar? Reinvente-se!

O mundo jamais será igual daqui para frente, creio num futuro mais simples e valoroso.

É tempo de renascer, florescer!

Escrevi este texto em 30/04/20 baseado em Salmos 91, estudo das pedras Preciosas com Pra. e Psicóloga Michelle Pereira Dos Santos

Dedico a toda a minha família, amigos e igreja CBM Londres

Elaine Cortat da Silva – Reino Unido

Poema de uma fibromiálgica

🌹 Ela parece forte, mas é sensível qual dente-de-leão, "que depois da inflorescência, guarda suas sementes recolhidas numa linda bola de pompom, pronta para voar e dispersar-se ao primeiro sopro de vento:".

🌹 Ela teve uma vida de lutas, uma infância de traumas físicos e emocionais, dificuldades afetivas, econômicas e mais...

🌹 Ela aprendeu a ser forte pra aguentar as "porradas" da vida. Ele amadureceu sem tempo de ser criança.
Ela lutou, cresceu, superou todas as expectativas... E nunca perdeu a fé e a esperança.

🌹 E venceu! Venceu a escassez de dinheiro, de afetos, de incentivo e buscou em si própria a motivação pra seguir... e seguiu.

🌹 Ela aprendeu a lição da rapadura: ser forte não te impede de ser doce. E ela é guerreira, porém doce e sensível. Se entristece com as mazelas do mundo e se enternece com animais e pessoas carentes.
Quer resgatar cãezinhos de rua, quer consertar o mundo

🌹 Sim, ela superou as adversidades. Mas superou a si mesma?
Ah!! Tanta luta não nos deixa impunes. Deixa sequelas físicas, ambientais, psicossomáticas ou autoimunes.

🌹 Tanto trabalho e esforço físico na tenra idade, lhe renderam uma coluna em risco e um corpo fatigado, cansado de verdade.

🌹 Ela conhece a depressão, esse excesso de dores passadas que nos tira a liberdade de sentir sem sofrer.

🌹 Ela desenvolveu uma dor física a que chamam de Fibromialgia. Esse nome e- nor-me, com uma dor maior ainda.

🌹 Mas ela segue lutando!!! E sorrindo e doando alegria.
É como é exigente, perfeccionista, batalhadora!!!
Se acha a mulher Maravilha, capaz de resolver tudo, pra todo mundo. Toma pra si a responsabilidade que deveria ser também do outro: De gerir família, trabalho, casa e relações afetivas.

🌹 E como não tem super poderes, como assume mais do que pode dar conta, ela adoece. Ela se desencontra. Ela cria expectativas de que os outros serão como ela.
Que terão afeto e empatia por sua dor, que também vão querer resgatar animais de rua...E sentimentos.
E descobre que eles não serão. Não empatizarão e muitos nem de animais
saudáveis gostarão. Às vezes, nem da gente.

🌹 É ela sofre e vem a frustração.
E o corpo dói, a cabeça dói, a alma dói... E o mito se desconstrói. E a crise vem.
Ela recorre a psicoterapia , a meditação, a atividades físicas, aos médicos, a terapias alternativas, a religião...

🌹 Ela busca tudo de fora pra resolver os problemas de dentro.

É até dá certo, por um certo tempo.
Depois, ela adoece outra vez. Dói de novo. Novas crises aparecem da noite para o dia. Do dia para a noite. Como um açoite.

🌹 Então, finalmente ela entende, que não nasce fora seu contentamento e alegria. Que qualquer tratamento é válido se começa no interior. Que acima de tudo há que se ter saúde mental. Que é preciso Resgatar a criança perdida e abandonada com muito cuidado e amor próprio.

🌹 Ela, então, aceita suas próprias falhas, e compreende que pedir ajuda é normal.
Ela deixa de ser mulher Maravilha pra aprender a ser mulher.
Ela aprende a respeitar seus limites e dizer NÃO. Porque super man e mulher maravilha só dão certo na ficção.
Ela se preenche de gratidão.
Ela entende que seja o que for,
Vá onde onde for,
Seja como for,
A cura que tanto procura, mora dentro dela mesma e chama- se autoamor.

Pra você, mulher que enfrenta a Fibromialgia
Com amor.

Lia Gonçalves Moreira – Reino Unido

Aplausos na varanda

Aplausos na varanda

Sofia Magalhães – 10 anos – Reino Unido

QUARENTENA 2020

De repente!
O invisível se faz presente no ar
em busca do incrédulo.

Impulsiona a humanidade
a adentrar em suas casas
e resgatar a essência de um lar.

Medo, pavor, insegurança
assola a rotina.

Será que existe remédio?
Sim, existe a parceria do amor,
da oração, da meditação, da fé.

É preciso buscar a cura do espírito
para encontrar a cura da matéria.

Sigamos em preces...

Eloísa Ávilla – Brasil

Instruir, orientar, educar, apoiar!

Agora, você pode mudar toda uma situação com os filhos que crescem com tamanha rapidez deixando esquecidos os tão necessários valores sempre transferidos para o amanhã.

Presos em nossas gaiolas, necessitamos cada vez mais uns dos outros...

Ano de 2020, ano de alerta e mudanças. Que as mudanças venham de dentro pra fora com força e coragem pra todos nós.

Que nossa trajetória sirva pra mudar o que for necessário.

Que a esperança seja nossa aliada.

Tudo é eterno enquanto dura.

Que o antídoto para o vírus seja descoberto e que saibamos que a cura pra nós está em nós.

Então faça a sua parte!

Fátima Andrade Carmo da Mota – Brasil

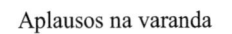

O mundo não está ao contrário, talvez tudo esteja acontecendo pra você olhar a vida por outro ângulo e com uma nova perspectiva. Use o tempo a seu favor, aprimore suas habilidades, seja generoso com as pessoas a sua volta e acredite, toda mudança vem pra nos fortalecer e ensinar! Que seus dias sejam de paz e que você perceba o quão valiosa é a sua própria companhia.

Fernanda Paula Andrade – Reino Unido

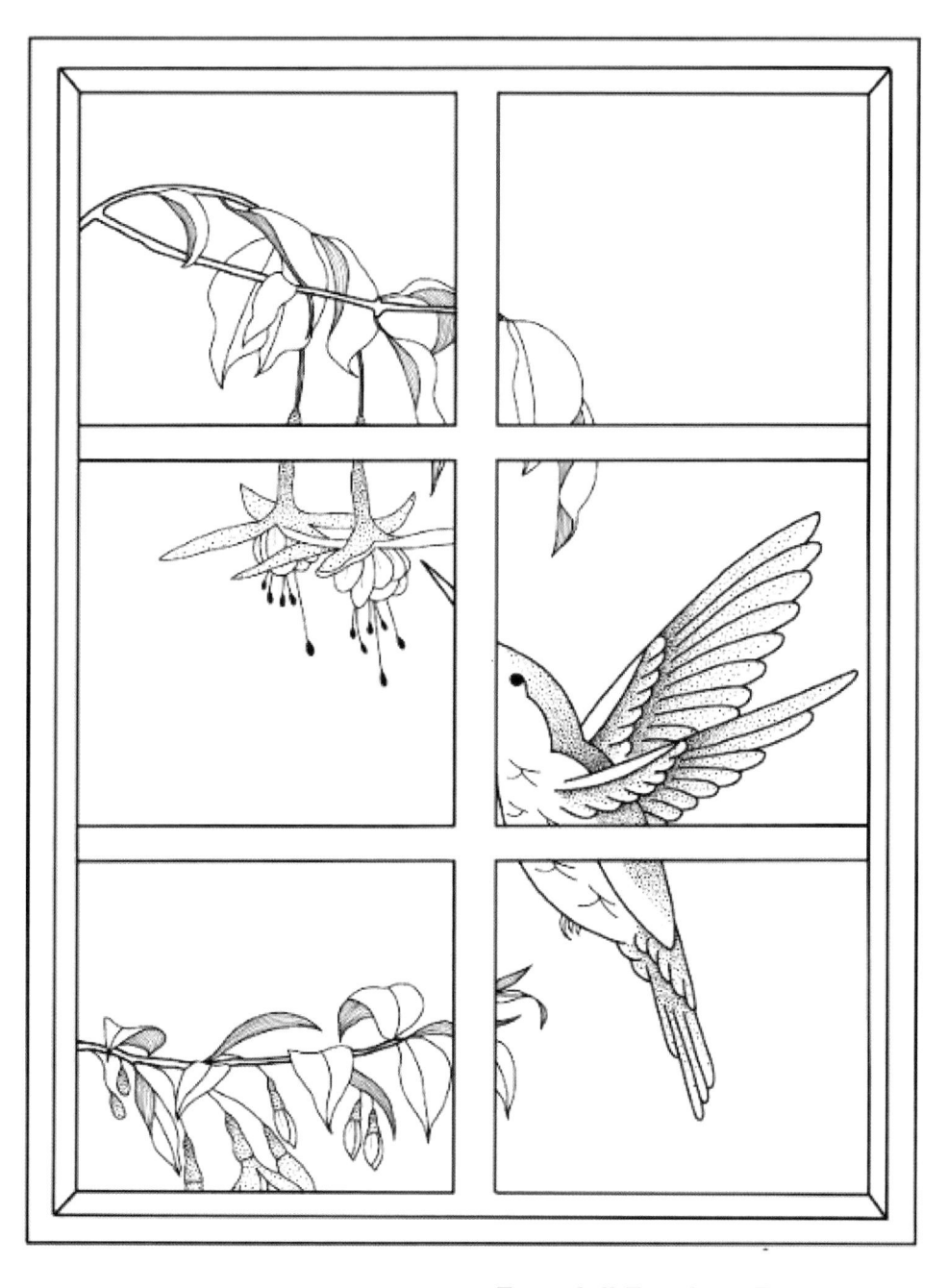

Francieli Franke – Reino Unido

Unidos

Quando a esperança parecia estar desaparecida, o amor ressurgiu como uma pequena fumaça.

E quando tudo parecia perdido, todos se ergueram juntos para mostrar o amor que ainda existia.

Quando eu estava sozinha e triste de longe e distante os aplausos surgiram, e a esperança invadiu meu ser com alegria, alegria pelo amor que ainda vive dentro de nós, amor que apenas adormecia...

Uma nação inteira invadindo minha varanda de aplausos, aplausos que provaram que nem tudo está perdido, e que todos unidos salvamos uma nação.

Francieli Franke – Reino Unido

Cada dia se torna uma grande incerteza;

Ontem ninguém imaginava tamanha situação;

Reinventar é preciso não importa a tristeza;

Ouvem-se notícias muito choro e aflição;

Ninguém está imune é um alerta constante;

Almas cheias de sofrimento, medo e esperança;

Valorizar a vida agora é o mais importante;

Inimigo invisível que não escolhe entre velho ou criança;

Recolhidos em casa, muitas pessoas cheias de temor;

Unidos lutaremos com fé apesar de tanta dor;

Somos fortes e vamos vencer com muito amor.

"Dedico estas pequenas trovas a todas as famílias que assim como eu, estão a enfrentar este momento tão difícil para o mundo".

Gilmar Magalhães Moreira – Reino Unido

Obs.: Acróstico feito sobre o tema CORONAVIRUS que se lê na vertical do poema.

Quando fiquei sabendo de alguns dos sintomas que a covid-19 dá eu entrei em pânico.

Perdi minha mãe em dezembro com doença pulmonar e foram os piores 19 dias da minha vida acompanhá-la no hospital.

Ela fez exercícios respiratórios com a fisioterapeuta, usou máscara e de repente UTI.

Fiz muitas amizades no hospital com os profissionais e os acompanhantes de pacientes internados.

A minha crise de ansiedade aumentou com noticiários de vários países e com isso busquei ajuda em oração, meditação e chá.

Agora com a ansiedade mais controlada, penso positivo que vai passar.

Os profissionais na linha de frente no combate desse vírus merecem meus aplausos.

Vocês são pessoas especiais e o meu muito obrigada.

Glaucia Peres – Brasil

Linda Yumi B. Costa – 7 anos - Reino Unido

Enquanto Isso, Lá no Jangurussu...

Após o decreto das autoridades pedindo que a população seguisse as orientações de isolamento para evitar o alastramento da Covid-19, Carlinhos foi até o encontro da mãe que estava na cozinha preparando o café, para tirar algumas dúvidas que o estava deixando inquieto. Suas aulas haviam sido suspensas há mais de uma semana.

Era cerca oito horas da manhã, na casa de Missilene da Silva. Ela e o filho moravam numa comunidade nas proximidades do antigo aterro do Jangurussu, na cidade de Fortaleza. Apensar de, há 22 anos, não ser mais o destino de boa parte dos resíduos da cidade, o antigo lixão ainda era um problema a ser resolvido, já que debaixo da vegetação que se formou ao topo de seus 400 metros de altura, ainda existia todo o lixo deixado lá, durante 20 anos.

A rua onde Carlinhos e a mãe moravam era desprovida de qualquer asfalto ou calçamento e a as casas, todas com vista para o antigo lixão e sem qualquer saneamento básico, tinham suas águas dos ralos das pias e banheiros jogados na rua esburacada. Em dias de chuva era comum que a rua ficasse completamente alagada, obrigando as pessoas a tirarem os sapatos e passarem de pés descalços na lama que se misturava às águas sujas vinda das casas. Crianças chegavam a brincar dentro do "laguinho" que se formava em uma das esquinas onde a superfície formava um declive. Era comum também ter mosquitos da dengue, ratos e baratas invadindo as casas e a rua no local.

Carlinhos, que tinha apenas 11 anos, sentiu o cheiro do café e foi até a pequena cozinha que a mãe havia recentemente reformado, juntamente com a pequena sala onde o ele dormia e o quarto da mãe que tinha a porta feita de cortina de banheiro. Missilene teve que ajustar o orçamento familiar, de pouco mais de R$1.000,00 reais, para que ela e o filho finalmente tivessem o barraco rebocado por dentro. A cozinha tinha uma pequena geladeira, um fogão de quatro bocas, uma pia para onde a água do ralo ia dar em um córrego no pequeno quintal que dava para a rua, um armário para as panelas e a louça e uma mesinha de quatro lugares.

- Mamãe, já posso tomar café com a senhora? – Disse Carlinhos que apesar de viver em uma região tão inóspita da cidade, tinha uma educação rígida dada pela mãe que observava sempre a forma que sua patroa educava os filhos adolescentes. Missilene era analfabeta, mas era observadora e queria muito que seu filho tivesse um destino diferente do dela ou do pai, assassinado por traficantes quando voltava do trabalho. Carlinhos tinha apenas 6 anos.

- Claro, *fii*! – Missilente terminou de coar o café no pano, pegou o pão dormido de dentro do forno e os levou até a mesa onde Carlinhos já estava esperando.

- Mamãe, quando eu vou poder voltar para a escola e a senhora para o trabalho na cada de dona Ana Maria? – Perguntou Carlinhos.

- Ora, *Carlin*! *Nois* tem que acompanhar as *notiça* e quando nosso governador liberar *nois*, *nossas vida* vai voltar ao normal – disse a mãe, em seu português peculiar, intrigada com a preocupação do filho.

- Mas, mamãe, por que é mesmo que temos que ficar em casa? – Carlinho não parecia conformado com a explicação da mãe.

- Oxe, é para essa doença que está aí não matar *nois*! – exclamou Missilene, como se aprovasse a atitude das autoridades.

Carlinhos era muito maduro e inteligente para sua idade, apesar das circunstâncias que o cercava, então continuou com suas indagações.

- Mas, mamãe, que diferença faz para a gente mais uma doença, se aqui temos que conviver com a dengue, a leptospirose que já matou três dos meus amigos, além dos tiros dos traficantes e dos policiais aqui no bairro, que estão sempre atingindo a pessoas que moram aqui? – Insistiu Carlinhos – Eu mesmo já tive dengue duas vezes, mamãe! E da última vez, quase não saio do hospital da Messejana. Lembra?

Missilene ficou muda, pois simplesmente não sabia o que o responder.

- Você quer que eu esquente o pão? – Limitou-se ela, tentando mudar o assunto. No entanto, o filho insistiu no assunto.

- E, mamãe? Quanto tempo a senhora acha que a dona Ana Maria vai continuar pagando a senhora, se a senhora não está indo trabalhar? Se essa doença não matar a gente, com certeza a fome vai.

Silêncio...

Diferentes realidades não respondem da mesma forma a uma única solução imposta pelo Estado ou pelos tais especialistas, principalmente aonde o Estado não é presente.

FIM!

Dedico esse texto à natureza, que está sempre ajustando as coisas. Dedico-o também a Deus, que criou a natureza e todo o resto.

Helder Fernandes – Reino Unido

O QUE SOMOS

Carros, Casas,

Roupas, Marcas.
Homens, mulheres, pessoas, corpos e almas nuas

COSA SIAMO?

Dias, vidas, respiros, noites e madrugadas

sem firmamento

sem discernimento
Demos os passos para eternidade onde tudo parou

¿SOMOS?

Pássaros sem voos e homens sem fé.
Vozes Emudecidas e cantores nas varandas
Sem tempo

Sem asas para voar

ao vento

WHAT WE ARE?

Enquanto abrimos as janelas na imensidão do nada, procurando o amanhecer
Nascem crianças, mas onde está o futuro?
Nascem manhãs onde procuramos o Sol e esperanças...

O QUE SOMOS?
Dor e lembrança, entusiasmo nos bolsos, vidas engavetadas,

noites mal dormidas, mãos atadas... em luvas!

vozes vazias

energia dissipada
SIAMO?

Penduramos nosso tempo num cabide,
Na intempérie do mundo
No tic tac do relógio solitário,

abafado
Ouvimos os cantos dos pássaros no silêncio da alvorada
No calar das fábricas
Emudecidas
E viramos noites

infindáveis

O QUE SOMOS?

Civilizações esquecidas
Reminiscências de ser, estando.
Permanecendo imóveis
Dormidos

Talvez, *maybe, forse*
Incertezas e penumbras
claro e escuro
Diamantes sem sentido, vagos e lentos... Cifras
Redes e conexões desconectadas no log out social

Distância e proximidade fria
Num coração solitário
Tic tac

QUEM SOMOS?

Helen Gnocchi – Itália

APRENDIZADO NA SOLIDÃO

Aplausos na janela

Aplausos na sacada

Na rua, ou no portão

    De quem já botou a mão na consciência

    Se isolou no seu espaço

    Mas descobriu o valor da compaixão

Aplauso para enfermeira

Aplauso para o gari

Para o padeiro que faz o pão

    Para o motorista que transporta o alimento

    Para o repositor do supermercado

    Para o médico de plantão

Não tínhamos consciência do perigo

Não temos noção do final que nos aguarda

Mas fazemos solidariamente a nossa ação

    Aplauso sozinho nada significa

    Mas juntando nossas forças

    Mostram que somos união

Sozinhos não somos nada

Sozinhos não existimos

Mas juntos somos uma nação

      Sozinhos não estamos

      O isolamento é necessário

      Nele descobrimos o valor da compaixão

Antes vivíamos cercados de pessoas

Na correria do dia-a-dia

Mas sozinhos na multidão

      Hoje estamos isolados

      Mas conectados com um propósito

      O bem maior, a saúde do nosso irmão

Em nosso isolamento físico

Descobrimos o verdadeiro significado da vida

O valor da união, da compaixão, da oração

      Descobrimos nossos filhos

      Reconectamos como nossos pais

      Aprendemos a sermos irmãos

O fim virá um dia

Não sabemos como será

Mas de tudo isso aprenderemos a lição

      A humanidade precisou parar

      O planeta precisou respirar

      E o ser humano a aprender a ser irmão

Que os resultados de tudo isso perdurem

Que a vida de outrora para sempre mude

Que aprendamos esta dura lição

    Antes queria que tudo voltasse ao normal

    Que a vida voltasse à rotina conhecida

    Hoje reflito na minha introspecção

Que tudo isso sirva de alerta à humanidade

Que tudo isso não seja perda de tempo

Mas que aprendamos a dura lição

    Sozinhos não somos nada

    Sozinhos na multidão

    Somos mais fortes juntos

    Formamos uma nação

Uma nação de seres humanos

Unidos na mesma força

Independente de fé ou religião

Hoje somos todos irmãos

    Aproveitemos este tempo de isolamento

    Busquemos nossos propósitos

    Cresçamos como ser humano

    Vivamos a compaixão

Que saiamos fortificados

Desta dura realidade

E jamais nos esqueçamos

Do destino da humanidade

    O que você aqui faz

    Um dia será cobrado

    Que quando esse dia chegar

    Você seja o irmão lembrado

Não pelo que você tem

Mas pelo que você fez

Não pelo que você aparenta

Mas pelo que você representa

    Hoje a natureza agradece

    A humanidade cresce e se fortalece

    E nós, na nossa pequenez de seres humanos em evolução

    Aplaudamos as mudanças que se fazem

    Da nossa janela, sacada, rua ou portão.

Itamara Dall´Alba Regis – Reino Unido

Erica Scully – 12 anos – Austrália

Quietude

Primavera. Não. Não vá!

Recua. Esconda-se

Antes que seja tarde.

Impeça que se alastre e hiberne.

Agora o que você vai fazer?

Recair num estado decaído de mediocridade?

Azedar a mídia social com visões distópicas contestáveis?

Tramar o aumento das fraquezas humanas no vazio da monotonia?

O que mais posso fazer nesta casa?

Um outro dia assim como ontem.

Estou cansado de portas, janelas, paredes,

Do teto decorado de confinamento.

Não costumo prestar atenção aos meus pensamentos,

à insatisfação virulenta com o meu passado,

Embora isso tenha diminuído com a ânsia de viver.

O costumeiro desejo de gratificação

Ainda me deixa agitado,

Mas isso também mudou;

Está mais limitado, mais valioso,

Mais urgente agora do que nunca.

Dê uma olhada sorrateira pela janela.

Chegou a primavera!

O mundo prossegue sem mim.

Os pardais se reúnem com mais objetivos.

Num telhado, o desfilar do pombo com

A cauda em leque para impressionar não vai parar

Até que o outro pretendente seja afugentado,

Mas sem interrupção humana.

O assobio fervilhante do trânsito parou.

A flor da cerejeira está

Se abrindo ao Norte?

Quase consigo ouvi-la!

Pelo menos, vou ver todos tipos de flores este ano -

Não vou passar a Páscoa no exterior.

Essas lindas árvores só duram vinte anos,

Por que eu deveria usar a mim mesmo como referência?

Deus, que silêncio lá fora!

A vida abunda em muitas formas,

Mas acima de tudo há uma tendência à quietude.

A primeira coisa que uma árvore pede ao solo é ancoragem.

É isso que estou fazendo aqui,

Me sustentando, aprendendo a viver?

Afinal, o poder de penetração das raízes é muito forte.

Você deve extrair a seiva da bétula a partir de primeiro de março,

Após as folhas terem crescido.

O momento certo, dizem, é crítico,

Cortando o fluxo abundante, tem-se um escoamento suave.

Um dia, eu estarei aí fora de novo,

Imerso no mundo e em tudo o que ele oferece,

mas só quando as lesões da aflição

Tiverem diminuído e eu estiver pronto para o que ignorei.

Não sou inseto preso na seiva fermentada.

Vou ver o que é familiar mais uma vez;

Este deve ser o motivo de ter chegado,

Para socorrer a interconexão da vida,

Incluindo a minha.

Vou viver para isso,

Mas devo ficar quieto,

E absorver a vida quando eu voltar.

John Morgan Flood – Reino Unido

(Traduzido para o português por: Luiz Grasso)

Fátima Fonseca – Reino Unido

HUMANO

Estamos envoltos num mar de vidas
Mas corpos caem a toda hora, estanques
Alerta está a contagem dos segundos
nada de caos, ruas desertas
Agora a notícia chega de relance
mais uma vida ceifada: mais um
Somam-se os minutos no vazio que fica
A moda não vale coisa alguma
os corpos saem a passeio em sacos de plástico preto
e não retornam
Perdeu o sentido brigar com seu vizinho pela vaga do carro,
nem carro é necessário mais
Não tem graça fazer piada, escarnecer
Ruas e portas estão sendo sanitizadas!
Não há por que ser mesquinho, ser egocêntrico e narciso
A disputa do ego cerrou as portas
na diferença dos iguais
na mesma dor e mesmo sofrimento
no mesmo desassossego
Não adianta culpar o tempo
os lugares, as pessoas
Resgatar indiferenças
nem inventar desculpas normais.
Tudo mudou e o vazio ocupou espaços
O silêncio interno fala alto e bom som
Quem sou eu?
O que fiz?
O que faço?
Mas a luz em nossas retinas sem rímel
ofuscam nosso orgulho e engano.
Não há mais nada meu.
Só há luz no coletivo
e no amor ao humano.

Janice Mansur – Reino Unido

Há esperança

Há esperança em cada amanhecer

No brilho suave do sol, no canto das aves que encantam, o ser

Num bom dia mesmo que na distância

Na fragrância de uma flor

Naquele que ainda cultiva o amor

Há esperança em cada caminhar

No sólido pêndulo do tempo, num idoso a meditar

Num solfejo de flauta inquieto

De um canto lírico que trás

A incompreensível mensagem de paz

Há esperança em cada anoitecer

Numa estrela silenciosa, no canto solitário da coruja

No concerto incisivo dos grilos

Na brisa suave que toca os cabelos

Na certeza que afasta os pesadelos

Há esperança em cada adormecer

No sonhar sem sobressaltos, num despertar sem nada mais a temer

Que se tenha encontrado a cura para a doença

Que já haja passado a pandemia

E pra vida, retornara a alegria

Ha esperança em um novo dia

Onde o abraço da humanidade, seja a grande profecia

Onde o sorriso inocente da criança

Faça o mundo inteiro perceber

Que todos tem o direito de viver

Ha esperança na luz do criador

Que ameniza os fardos, e dá forças maior que a dor

Dispõe igualdade para todos

Nos ensina que sempre existe esperança

E que o amor é a nossa maior herança.

Há esperança!

Jorge W. Feistler – Brasil

Marcia Mar – Reino Unido

Estou em quarentena num hospital no Japão numa cama sem poder me mexer devido a uma infecção de coluna ... vírus são partículas invisível nas que fazem estragos enormes ...sem esperar estão dentro do nosso corpo... sem poder ver minha família e amigos eu choro todos os dias até que Deus venha enxugar minhas lágrimas ...e assim me sinto mais forte para superar a dor.

Karolina Kashima – Japão

Quando o mundo parou

De repente o sono acabou e de madrugada precisei escrever.

De repente o vírus chegou e a gente entendeu que precisava vencer.

De repente o governo ordenou "stay home" e o que nos restou foi obedecer.

De repente o egoísmo gritou, o povo enlouqueceu. Tanto papel higiênico... Porquê?

De repente a escola fechou e a criança entendeu que continuava a aprender.

De repente o comércio fechou e o que era supérfluo deixou de vender.

De repente o ônibus passou, ninguém nele entrou como tinha de ser.

De repente o isolamento chegou e o que importou foi só bem querer.

De repente o dia virou noite a noite virou dia e sem rotina, ter relógio para quê?

De repente sem poluição, a atmosfera limpou e o céu mais azul conseguimos ver.

De repente o gol não saiu, torcedor não gritou e campeão o Liverpool ainda não podia ser.

De repente desmontaram o circo, o motor desligou e no GP da Austrália ninguém pôde correr.

De repente muita gente falou, outro tanto cantou, muitas lives para se ver.

De repente a reunião começou, queríamos nos ver e o dono do Zoom só fez enriquecer.

De repente a doença em progressão, muitos ainda vão partir, muitos ainda vão sofrer.

De repente bateu comoção, chorei e pedi explicação, Deus respondeu: " filha, deves crer"

De repente a vida parou, mas a gente pensou que queria viver.

De repente com medo do mundo, voltei a me ver.

De repente o dia acabou e a gente achou que já podia nascer.

De repente o amigo ligou e eu tive tempo para o atender.

De repente a primavera chegou e o sol esquentou ao amanhecer.

De repente a árvore mais bela, prestei atenção e vi florescer.

De repente da minha janela, vi ambulância amarela a alguém socorrer.

De repente o tempo esticou e aquele perdido, eu voltei a ter.

De repente o livro esquecido, marcado ao meio, eu voltei a ler.

De repente as 8 da noite fomos a varanda para palmas bater.

De repente os planos foram adiados e a prioridade era sobreviver.

De repente o templo cerrou e o que restou foi Deus e você.

De repente o que era difícil, com algum esforço consegui aprender.

De repente o que era importante, simplesmente deixou de ser.

De repente a necessidade de ter, perdeu espaço para a alegria de ser.

De repente sem abraço ficamos e o que nos restou foi olhar a tv.

De repente a dor chegou e o que socorreu foi nos fortalecer.

De repente o dinheiro acabou e o que nos salvou foi a bondade de outro ser.

De repente a conta chegou e a gente falou: vou ter que esquecer.

De repente a gente brigou, mas o que resolveu foi o compreender,

De repente aquele que nunca se exercitou, para fugir do isolamento, decidiu correr.

De repente o que nunca cozinhou, se viu na cozinha e precisava comer.

De repente tudo que parecia real deixou de existir, de prevalecer.

De repente quem nunca viveu decidiu que agora, não queria morrer.

De repente a humanidade entendeu que além do ganhar tem que aprender que ninguém vive só e o fundamental é dividir e agradecer.

Desculpe pela rima, não é das melhores, mas dá para entender.

Katia Fernandes – Reino Unido

Aplausos na varanda

E assim atingimos o nosso mundo lilás

Thaís Altgott – Reino Unido

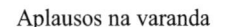

Os meus aplausos na varanda vão para Deus, que está nos dando uma oportunidade de olhar e ver os cômodos da nossa casa, os personagens que nos rodeiam, tempo para sentirmos o que trazemos dentro de cada um de nós, refletirmos sobre as nossas sombras. Momento de perdoar, nos perdoar, dizer sinto muito, e te amo.

A vida tem um mantenedor absoluto chamado Deus, e Ele está dando esse tempo para sondar nossos corações e multiplicarmos os talentos, colocarmos óleo no candelabro das velas e aguardar o Noivo.

Liliane de Queiroz Antônio – Reino Unido

Reflexão em tempos de quarentena

Biel/Bienne- Suíça, 30 de março de 2020.

Tudo está acontecendo como em um filme apocalíptico. Vou ser realista, não posso mentir para vocês, estamos vivendo um momento histórico muito difícil. Confinados europeus vão às janelas aplaudir profissionais que trabalham dia e noite sem cessar. Na janela do espaço me debruço observo e sinto a energia do Planeta, a vibração do medo é o que impera neste momento. Vejo a agressividade aflorando nas pouquíssimas pessoas que cruzo nas ruas desertas. Então entendo, o que precisamos é realmente nos recolher, não só em nossas casas, mas para dentro de nós mesmos e refletir sobre nossa humanidade para expandir a nossa espiritualidade.

O grande desafio do momento é nos unirmos em frequência de coragem para minimizar a frequência do medo que assola o mundo inteiro. Esta frequência que denomino coragem, também podemos substituir pelo amor, que é a frequência da imunidade. Nesta frequência há aceitação, compaixão e acolhimento do outro de como ele é, e de tudo que existe do jeito que é.

Não temos controle de absolutamente nada atualmente, absolutamente nada. Isso temos visto claramente, nossa realidade só corresponde ao que criamos aqui agora, todos nós, em conjunto, pois essa é nossa chance para evoluirmos e fazermos parte de uma nova era onde seremos todos transformados. Ninguém aqui será o mesmo após essa experiência. Eu vou explicar o porquê:

A frequência vibracional da melodia dos aplausos nas janelas em forma de gratidão, podiam ser vistos e ouvidos em diferentes partes do mundo pela internet. Os italianos deram o pontapé inicial cantando nas janelas. Em teoria, se você é capaz de manter a frequência do seu corpo acima de 62 Hz, você não terá que se preocupar em ficar doente. Assim sendo, os confinados foram influenciados a ativar a frequência hertz, a frequência do amor e solidariedade, e isso é capaz de ocasionar o despertar espiritual, restaurando a consciência dos humanos. Uma ótima reflexão em tempos de quarentena.

Lucia Aeberhardt – Suíça

A visita do anjo Uriel na pandemia.

Aconteceram tantas coisas diferentes, difíceis, impossíveis, milagres, transformações, reflexões e ações. Me emociono e me arrepio de lembrar as imagens, as sensações. Temos acesso a tudo que acontece no Globo e fora dele.

Foi incrível, ter presenciado e ter sido presenteada com esse grande CHEGA da Terra, do nosso criador. Hoje eu peguei o carro e fui a Holborn para buscar quentinhas que foram doadas. E vi Holborn vazia, lojas fechadas, ninguém nas ruas as 2:30 pm da tarde, no centro financeiro da Europa.

Passamos a vida toda ouvindo as histórias de guerras em tantos lugares do mundo, ouvimos, tentamos sentir, ter empatia, entender. Mas como os sábios e os mais velhos sempre nos falam: "nada como sentir na pele". Sentir o verdadeiro sentimento de que tudo parou. O mundo parou. As únicas coisas que não pararam e ficaram latentes e mais presentes foram nossos corações, nossas mentes, nossa fé e a natureza.

Fiquei muito impactada de realmente nunca ter entendido a dor que meu avô materno sentiu de estar presente na segunda guerra mundial e a alegria do meu avô paterno de ter conseguido não ir.

Eu nunca mais vou ouvir ou ver imagens de guerra com mesmos olhos, ouvidos.

Vivemos um pôs guerra. Meu coração e minha mente vasculharam todas lembranças, como quem quer retomar as peças de um grande quebra-cabeça e entender quantas vezes negligenciei a dor da guerra, o trauma de quem passa pela escassez, pela dor, pelo impedimento de poder ser livre.

Nessa pandemia ganhei Victor Frankl, em busca do sentido da vida na pratica e nos dias que ficamos quietos em casa. Mantendo a sanidade mental, focando nas ações que eram possíveis, no que realmente importa. A saúde, a alimentação nutritiva, o amor dos nosso, e a busca de ajudar o próximo, nas limitações que nos foi imposta pela doença e contagio mundial.

Ganhei a visita do meu anjo Uriel, talvez tenha vindo me visitar no dia do aniversário do meu pai, para eu nunca mais esquece-lo e para que ele me ajude com a grande tarefa de cuidar do meu pai.

Talvez tenha vindo me avisar, me preparar, me apoiar na ida de minha avó Lúcia a casa do pai.

Anjo Uriel falou de mim, como quem me conhece, usou palavras que eu usaria, me disse coisas que entendo, sei e compreendo. Foi um encontro lindo, inesperado e por vias inimagináveis. E' assim que Deus trabalha, te surpreende, te cura e te nutre do que você precisa.

O Anjo Uriel disse que tenho 3 anjos, e que não e' só para pedir vaga do estacionamento, mas até um chá grátis em um restaurante se eu quiser. Que ele adora servir e que precisa servir mais, para que ele aprenda mais e fique cada vez mais capaz. Para eu não ter medo de pedir e não ficar achando que não preciso pedir nada.

Falou da missão que Deus me deu, de semear a sua palavra, e da equipe que está sendo apresentada a minha volta. Pediu para eu ficar atenta aos sinais.

O que mais que poderia querer em uma pandemia? Depois dessa grande revelação e confirmação. Ele sabe o tempo certo para vitória me entregar. E depois tem novidades para mim, diz a cantora enquanto escrevo meu texto. Deus cuida de mim e pede que eu descanse nele.

Por que o que Deus tem e' bem maior que o amanhã, e diz: "receba o abraço que me enviou, que na minha vida quem cuida de mim e' Deus."

Luciana Oliveira – Reino Unido

Ana Clara Coimbra – 14 anos & Arthur Cezar Coimbra – 11 anos – Espanha

TIC TAC

Eu vivo aqui há muito tempo. Mas, quem são essas pessoas?
Nunca prestei atenção nelas. É diferente. Tudo muito diferente. Que horas são? Ninguém me diz. Levanto e vou até a cozinha. Quase a mesma hora de ontem. Amanhã, possivelmente, ainda será tudo exatamente como hoje. Não sei os números. Não sei quem são. O que fazem? De onde vieram? Do que gostam? Como administram seu tempo? O que deixaram de fazer por não ter tempo? Ou usar o tempo como justificativa daquilo que não foi feito? Parece que todos, de uma forma ou de outra, se perdem no tempo. Ou perdem algo com o tempo…
Se antes eu não os via agora já os reconheço. Alguns já tornando-se bastante familiares. E como não sei os números eu os invento. A mulher sozinha e de bom gosto parece sempre ocupada. Imagino que está sempre trabalhando. Dei a ela o número 1 simplesmente porque foi a primeira que eu vi. Próximo a ela, o número 32. Creio que porque somos meio parecidos fisicamente e temos um corte de cabelo similar. Dei a ele o número que já foi meu. Essa lógica ou minha lógica faz com que eu os reconheça quando os vejo ali, sempre lado a lado. Mesmo postos de lado, números podem ser aleatórios ou fora de ordem. E, nesse caso, sou eu que os denomino e os ordeno. O 3 é um verdadeiro enigma. Nunca o vejo, ou, a vejo. Noto somente uma silhueta que parece, às vezes próxima, às vezes mais distante. Assim projetada fica fora de proporção. Número 4 é composto pelos quatro elementos: pai, mãe, a filha e o bebe, que é passado de um colo para o outro. 4a, 4b, 4c e 4d respectivamente. 4d também tem um bebe. Tem cabelos muito longos e todo desgrenhado. Quase maior que ela, que é arrastado amarrado na traseira da bicicletinha colorida, com a qual percorre por horas as mesmas trilhas. Para mim é um caminho de tijolos amarelos… O filho lhe parece grande, já a bicicletinha pequena demais. Sorrio.
Então, o número que se seguiu foi o 70. Fiquei em dúvida se era 70 ou 80. E ficou sendo o 70. Passa horas e horas lendo, submerso sabe lá onde… Em que horas, em que mundo, se em coisas do presente, do passado ou futuro. Logo, sem seguida, vem o número 100. Ela! Cabelos negros como a asa da graúna. Ela me causa saudade das palmeiras de minha terra! Eu a chamo de Miss Apps… porque ela passa horas e horas

e horas com a cara grudada no MacBook Air...

Imagino que fale, que tenha essa capacidade de falar com cem pessoas ao mesmo tempo. Observo-a. Ela ri, fala e fala. Parece estar trabalhando o tempo todo, apesar de às vezes abrir longos sorrisos ou dar grandes gargalhadas. Não sei qual a importância ou necessidade de tanto tempo diante daquele Mac, mas imagino que ela fala com gente de toda parte: daqui, dali do norte, do sul, do leste e do sudeste. Todo tipo de gente... e eu observo e me pergunto: "Como podem falar tanto, por tanto tempo?" Já sei... imagino que formam um grupo perigoso! Com poder em suas mãos! É isso o que penso. Penso serem de um grupo com membros espalhados por toda parte do mundo... e secretamente, ou não, vão escrever histórias. Histórias que podem mudar as horas... o mundo... pessoas... E assim gira o mundo e assim vão-se as horas...E lá estão eles todos. Por anos fomos invisíveis, foram invisíveis! E no tempo presente já me vou familiarizando com eles. As horas largas se arrastam. Quando foi mesmo que mudaram os relógios? A uma semana atrás! Como eu nunca percebi? Tiro do bolso o velho relógio de ouro com minhas iniciais gravadas. Presente dos meus já falecidos pais. Antes desse, eu usei o que marcou as horas de meu avô, e que o acompanhou, desde sua partida de uma Alemanha destruída pela Guerra, até o país que o acolheu. O país onde nasci e vivi, até vir para este país onde estou. País que me acolheu. País que neste momento perde tantas vidas diariamente. Mudo os ponteiros do meu relógio e sozinho choro. Choro. Choro muito... penso no peso do tempo que parece não ter passado ou por ter passado rápido demais, pela primeira vez, eu me sinto órfão. Eu me sinto sozinho. E cai a noite. E secam-se as lágrimas sob o rosto que o tempo marca...Durmo aqui mesmo, sentado. Sentado, a única forma que consigo estar melhor. E esta noite, espero, respirar melhor...Que horas são? Não vejo sem os óculos. Ainda não nos acostumados um ao outro. Encontro-o aos meus pés. Luzes fortes... a sirene de uma ambulância. Meu coração disparado. De onde estou só vejo uma ambulância de portas escancaradas. Nos minutos seguintes, vejo que trazem uma pessoa na maca, rapidamente engolida pela ambulância. Não sei qual número. Não sei qual é o número e, já, isso me preocupa. Um corpo coberto, aparelhos respiratórios que tornam o rosto irreconhecível. Paramédicos vestidos de tal forma que fazem crer voltaram as horas e, são essas não as nossas, mas as primeiras horas mortas de Chernobyl. Vão-se as luzes, e por algum tempo ouço, ainda, a sirene. Então, já muito preocupado, lembro de olhar para diante de mim. Onde estão todos?

Falta alguém? Número 3 deixa de ser uma silhueta e a vejo pela primeira vez. É negra e muito bonita. Corro os olhos para o número 1. Sim, também lá está. E a outra, que veio nos últimos dias, toma-lhe a mão e juntas desaparecem na penumbra... Número 4, onde estão? Onde estão os quatro? Avisto 4a e 4b do número 4 e, certamente, as crianças dormem dadas as horas marcadas nos relógios. Onde está aquele que antes eu olhava, porque acreditava que tínhamos similaridades físicas, mas para o qual eu olho, porque tenho prazer em o ver andar, tão espontaneamente, quase não vestido... E sinto conforto ao ver que o 2 está ali. Miss app ou número 100 também está ali, pela primeira vez separada do computador. Mas, onde está ele? O 70 está faltando. Passam lentos os segundos, os minutos e nada. Ele não aparece. Ele simplesmente não aparece! Temo que tenha sido ele que levaram na ambulância. Silêncio. Foi ele, eu penso. E eis que surge o homem de cabelos brancos. Não teve tempo de ver o que se passou. Melhor assim. Lá está ele que domina o tempo que é seu, submerso nas horas de leitura. Alívio. Já não sei se consigo administrar perder mais alguém. Aos poucos vão fechando, no prédio oposto ao meu, suas janelas. E o senhor de cabelos brancos continua lá. E ele já não é mais somente um número. Lhe dou um nome. Eu esqueço que o observo. E desperto de meus pensamentos quando ele, timidamente, acena para mim. Sorrio acenando timidamente. E só então soube que ele o tempo todo me observava, assim como eu o observei durante horas e horas. Fecho a janela e sento em minha poltrona, ainda olhando para ele através de minha parede de vidro. Do outro lado, agora, todas as luzes apagadas. Decido continuar dormindo, aqui sentado, mais uma noite. Ainda não consigo dormir deitado. Mas já respiro um pouco melhor do que antes. Sinto conforto nesse silêncio. Quase dormindo, ainda penso: "Ninguém foi, é ou será complemente só. Ninguém fica órfão nesse mundo se abrir os olhos e enxergar o próximo." Respiro tranquilo e escuto o tic tac no meu bolso. Que horas são? Pego o relógio de bolso, observo minhas iniciais gravadas, mas não o abro. Aperto-o firme junto ao meu coração. Tic Tac. Tic Tac. Tic Tac. As horas não importam. Fecho os olhos e penso neles dois. Juntos. Sempre juntos... juntos, no banquinho de praça que eu mandei por lá na frente de casa. Se eu pudesse voltar no tempo eu voltaria só para os ver mais uma vez... Ali os dois juntos. Ele tocava a viola e ela timidamente, acompanhava: "Abre a porta ou a janela, quero ver
quem é você!"...

Luis Benkard – Reino Unido

(Foi diagnosticado com Covid19 no dia 31/03/2020 e saiu de perigo no dia 06/04/2020)

Sozinha com Todo Mundo

Amados
respiramos o aroma das flores
reconhecendo a delicada glória de cada instante

Aumentando a compreensão
expandindo
a sensação
a emoção
de se ser
todo o Mundo

Amando os que virão
e os que se foram
e os que ainda
aqui estão

Amando sermos todos os povos
e todas as espécies
juntos no Mundo
(inclusive vírus e carbono)

Amando e respeitando com igualdade as Mulheres
Mães, Amigas, Cuidadoras, Pesquisadoras, Líderes etc.

detalhe singular:
gratidão à June Almeida
que em 1966
descobriu
a família de vírus
que nomeou corona
no Hospital
St Thomas
onde trabalhei
em Londres com Refugiados
nesse cantinho
da Terra
igualmente belo
a todos os cantinhos

cantigas
silêncios e momentos compartilhados no seio da Terra
PachaMama lar de todos em igualdade

eu que morri e voltei sei
como partículas entretidas
E lentes de olhos se olhando mutualmente
poeticamente
num Multiverso
auto poético
que em tudo refletimos Amor
na alegria que somos similarmente únicos
na esperança criativamente complementares
na dança de vibração de sensação energética
da eternidade poética

espelhada espalhada encantada eternidade Amada

aplaudindo
as mãos
que salvam
que cuidam
que nutrem
a vida
infinitamente

Sussurrando: viva a vida!
tão linda
com poderosa gentil vibração de paz
nas palmas e em todas as almas

nas partículas das células bailando com as estrelas compartilhando com a flor o desejo de fazer o néctar cada vez mais doce ao sentir o soar das asas das abelhas

sentindo os sentidos se transformando
reverberando
aqui e ali
em todos e com tudo
essa luz de amor infinito
revelada

Marcia Mar – Reino Unido

A Vista da Janela

Há muito que eu penso em escrever minhas histórias e agora parece ser um tempo ideal, nesta quarentena do corona vírus, que está atingindo o mundo inteiro e nos obrigando a nós isolar para nós protegermos.

A janela da sala aonde moro e muito especial. E' através dela que eu vejo o mundo quando tomo meu café da manhã, quando descanso na cadeira de balanço, quando pego meu celular, um livro ou simplesmente olho para fora...

E' uma vista que me faz entrar na Natureza, vejo o topo das árvores e olho mais adiante esse pedaço do sul de Londres. Não tem nada tão bom e tão tranquilizante. Neste tempo de incerteza e' como um bálsamo que me dá uma força tranquila para passar o dia.

A quarentena trouxe uma nova dimensão na minha vida: a apreciação do silêncio. Ela, como uma fonte de energia que vem de dentro, ajuda-me a enfrentar as dificuldades e coloca-me novamente no momento presente.

O mundo está passando por uma transformação que não é igualmente vivida por todos. Para várias pessoas se elas não puderem sair para trabalhar podem realmente morrer de fome. Para alguns não é necessariamente a falta de dinheiro, mas, o fato de viverem sozinhos e não saberem como acessar o sistema digital, o isolamento torna-se um grande perigo. Isso é particularmente grave para os idosos que precisam ficar isolados para se protegerem contra o vírus. Eles ficam sem o contato costumeiro com pessoas para prover suas necessidades.

Outro aspecto do isolamento e a pressão interna que cada um de nós carrega e está pode ser enorme, maior do que conseguimos aguentar porque a nossa imaginação pode nos levar para cenários difíceis e assustadores. Não termos certeza de quanto tempo teremos que ficar isolados e' um peso muito grande. A falta de convívio físico pode levar também a um descaso pela própria aparência, pelo próprio bem estar e a depressão.

Por outro lado, o espaço reduzido em que vivem muitas famílias, compartilhando o mesmo lugar com várias pessoas e a constante preocupação do perigo que o vírus pode causar é sufocante.

Não há dúvida do que muito do descrito acima e' uma realidade do nosso mundo. Muitas vezes não atentei o suficiente para esses fatos no afã de cumprir o que considerava imprescindível para o meu quotidiano.

A quarentena está dando a mim a oportunidade de refletir o que é realmente essencial para a minha vida, o que é importante para o meu bem estar e para os que estão ao meu redor, e mais longe ainda, para a sociedade e o mundo que compartilho com tantos e que não conseguia ver antes claramente.

Sempre gostei fazer, de experimentar, de observar os mecanismos dos processos biológicos dos mais simples aos mais complicados - a fisiologia da vida. Agora estou aproveitando o tempo para ampliar a observação desses processos e incorporar os novos conhecimentos no meu dia a dia de uma maneira muita mais ampla, mais voltada a' sociedade e ao mundo. Sinto que essa transformação e' muito positiva e dá-me coragem para o tempo no qual o corona vírus será contido.

Maria Christina Sawaya Heinl – Reino Unido

A superação vem de desafios vencidos disfarçados de oportunidades. Crescemos e conquistamos na medida que permitimos nos deixar conduzir pelas adversidades, incertezas e medo do tal desconhecido. Nada passará impune, mesmo os menores dos pagãos pois essa luta nunca será uma guerra, será sempre aprendizado.

Maristela Rodrigues – Reino Unido

NONNA ITALIA
Brilha de uma beleza indescritível
definitiva em cada ângulo em cada passo a cada respiro.
De tal modo **"elixir de longa vida"**!
Beleza sinuosa que se move entre a sua cultura milenar
Sua arte e a sua natureza assim tão variada
e a mundanidade das suas praças das suas capitais
sempre, constantemente e incansavelmente superlotas.
Turistas do mundo inteiro que aqui chegam em busca de inspiração
dentro é parte da história se transformarão!
Tantos foram os momentos tristes:
guerras, terremotos, peste, crise econômica ou...crise epidêmica
mas ela resiste **santuário de maravilha, de grandeza e de solidariedade**
Memória viva do tempo bem guardada.
São esses "nonnos" os voluntários que em toda Itália
praticam ações de solidariedade para espalhar amor pelo mundo.
Portanto, bocas sedentas de palavras ao vento,
quando falarem dos nossos e vossos "idosos"
fiquem de Pé, ou se preferirem de joelho
De joelho diante da grandeza dessa gente
que atravessou a guerra, nazismo, fascismo, fome,
que combateu, construiu inventou e criou TUDO
Tudo o que hoje você desfruta.
Das histórias que você estuda nos livros
à arte da culinária e do bom vinho.
Da beleza da arquitetura que hoje você admira,
que você estuda ou vive,
da boa música que você ama escutar
a todo ou baixo volume para te acalmar,
de Vivaldi a Pavarotti,
de Michelangelo a Leonardo da Vince,
da tecnologia que facilitou e facilita tanto a tua vida,
da alta moda que você ama ver nas passarelas,
nas ruas da moda de Milão ou no mundo.
Dos perfumes que você sonha ou ama exalar

Portanto gente, **De Pé ou de joelho se preferir**,
para honrar e Orar para esta "**NONNA ITALIA**"
Nonna que te dá aconchego,
te aquece a alma,
te acalenta o ouvido,
aguça tua curiosidade,
agrada teu paladar,
ativa a tua memória,
que a "**La vita é Bella**" te faz lembrar.
Portanto minha gente Respeito!
De pé ou de joelho se preferir...
"Honre teu pai e tua mae",
honre teu nonno e tua nonna,
honre tua História e a História dos teus antepassados.
Lembrando que **você é porque eles são**!

Nair A. Pires – Itália

Angústia e fé

Estamos acuados
O inimigo nos espreita
Não sabemos de que lado
Se da esquerda ou da direita...
Uma insegurança nos acerca
Todos os dias o tempo inteiro
Comunicadores dão alerta
Ninguém quer ser o primeiro...
Nesses tempos obscuros
Cheios de angústia e dor
O nosso porto seguro
É Jesus, Nosso Senhor!!

Neli DallAgnese Franke
Três de Maio
Rio Grande do sul
Brasil

Pandemia

Estamos guardados
Tomados pelo temor
Tão unidos e isolados
Como pétalas em um botão de flor.
Confiantes aguardando
A primavera chegar
Para então florescer
E o mundo enfeitar.
No momento sem contatos
De abraços, beijos carinhos
Eu comparo essa parte
Sendo das flores espinhos.
Essa doença que se espalha
Tão veloz pelo mundo
Faz nos ver que somos frágeis
E podemos sumir num segundo.
Mas quando tudo isso passar
Há de ficar na lembrança
De um tempo que se viveu
Alimentados pela Fé e a Esperança.

Neli Dall' Agnese Franke – Brasil

Arte em isolamento – Crônica de um tempo

O tema sempre foi Arte e Você. Agora é tempo de Arte sem você.

Escrever sobre Arte e sobre os artistas brasileiros que atuam de forma brilhante nos Estados Unidos é sempre um prazer. No entanto, neste momento em que estamos vivendo um hiato nas produções artísticas, é tempo de algumas reflexões sobre o papel da Arte em nossas vidas, e sua função numa sociedade distanciada.

Os efeitos desse isolamento na produção artística está sendo (foi) terrível. Museus e cinemas fechados, peças teatrais e espetáculos cancelados, shows populares sem previsão de acontecer, milhares de artistas e profissionais que atuam nesse mercado estão sem trabalho.

Que tempo é esse que estamos vivendo?

A realidade de um tempo em que a Arte está suspensa.

Suspensa no pensamento e na ação, no conjunto ao vivo e em cores, de distanciamento ao invés de proximidade.

Fomos surpreendidos e em poucos dias o mundo se transformou.

A arte está suspensa...

Não podemos sentir o palco, a sala de cinema, os sons e os burburinhos do público, o sinal de chamada, as falas e vozes de pessoas comentando os espetáculos, as risadas, as queixas.

Não vemos os detalhes de uma bailarina se equilibrando na ponta das sapatilhas.

Não vemos a beleza de um quadro na parede do museu, a textura da tinta, as pinceladas do artista, as cores e a sua identidade.

Não vemos os músicos afinando seus instrumentos antes do concerto. E a respiração ofegante do maestro ao domar o grupo.

O sorriso de êxtase ao final do concerto. Os sons da coxia. Os sons da orquestra. Restou o silencio, afinal.

Não escutamos mais o silencio do apreciar uma obra de arte.

Não vemos o gesto e a expressão do ator ao entrar em cena.

Não vemos os figurantes ao fundo caminhando sorrateiramente.

Ou o diálogo carregado de uma emoção única que acontece apenas naquele momento numa peça de teatro. Nada substitui o momento da Arte.

Que falta nos faz a Arte em carne viva!!!

Mas, apesar de tudo, o mundo continua e a Arte nos salva das ansiedades tanto para os artistas que continuam produzindo, escritores que continuam escrevendo, bailarinos continuam

dançando em suas casas, músicos nas varandas do mundo. Para o artista, o público é fundamental para que a sua mensagem e sua ansiedade sejam resolvidas, e surge a Arte online... Ao mesmo tempo, todos cantam, dançam, pintam e desenham em frente às suas telas ou nas suas janelas.

 A arte continua ali, junto de nós. Em frente a tela do computador!

Interagimos com artistas, amigos e desconhecidos, amadores e profissionais. Nesse tempo, o que importa é enviar mensagens, a despeito de uma qualidade antes requerida, e hoje questionada.

Apreciamos espetáculos que muitos não teriam acesso em teatros ao redor do mundo, operas, concertos, balés, ou mesmo um cantor solitário numa igreja em Milão que, sozinho, emocionou o mundo. Podemos frequentar museus de arte do oriente ao ocidente sem sair de casa.

Assim foi ... assim será... A Arte não nos abandona. Ela está aqui, agora, em meu teclado.

E chega ao mundo, até como forma de agradecer e celebrar os soldados desta guerra nos hospitais e nas ruas, entre os voluntários que transformam o mundo epidêmico em algo melhor e esperançoso. Sim, a Arte também está lá.

Logo sentiremos as mesmas emoções que a Arte ao vivo nos permitia, seja num jardim, seja numa sala de teatro.

Logo sentiremos o aconchego do som, do ritmo, da música viva e palpitante.

Logo ficaremos próximos de obras que nos encantam há séculos.

Essa é a nossa História. Porque, afinal, sempre superamos os tempos ruins.

Nossa História, nossa Arte. O encontro está marcado, enquanto isso leia um bom livro!

Nereide Santa Rosa – E. U. A.

Newton Silva – Brasil

O VAZIO

O sol, quando ao meio-dia,
Causa vertigens estranhas.
Vislumbram-se vultos distorcidos
Embrenhados na caatinga,
Caminhando entre serrotes
De pura pedra.

No meio da vegetação seca,
Árida, de difícil acesso,
Distritos abandonados,
Onde mal se vê a presença humana,
Senão aqui e ali, uma casinha feita de barro,
Coberta de palha da carnaubeira,
Distante de praticamente tudo,
Sem água nem energia elétrica,
Construídas na solidão do sertão,

Não se sabe por quem,
Tendo apenas a imensidão do azul do céu
e a caatinga miserável como vizinhança.

Nesses lugares ermos,
Encontra-se de tudo:
Pontes sobre rios secos,
Açudes no chão duro e poeirento,
Postes plantados no meio do matagal implacável,
E o vento em redemoinho correndo contra o tempo,
Construindo colunas de poeira
Num trabalho extenuante e contínuo,
Dia após dia.

Nessas condições severas,
Quem se perder ali,
Vai observar quando o silêncio
Invadir a tarde luminosa.

Muitas vezes, no meio do nada,
Vai escutar o quase imperceptível
Bater de marretas ao longe e
De vez em quando, o repetir das batidas
No meio da mata.
Não haverá mais ninguém ali.
Mas há a impressão de se ter
Ouvido alguém cantando uma canção antiga.

Quantos mistérios ocultos na mata
Poderá haver.
Já se ouviu muitas histórias dos vaqueiros
Que passam por essas
Estradas desertas.
Histórias fantásticas de árvores
Que escondem botijas,
Lugares encantados dentro da mata
E o medo de um dia os encontrar.
Muitos já se perderam na caatinga
Levados embora pela moça encantada.
À noite as estradas se aquietam.
Dormem na sua imensidão,
Mergulhadas no vazio da noite.

Amanhã é outro vazio.

Newton Silva – Brasil

Dias de luta e dias de glória, assim diz o ditado.

Ditado que honestamente não gosto muito, não somente pelo fato de ser extremista, binário, mas também pela sua apologia à guerra comumente utilizado em nossa sociedade.

Pare e analise, pode sem grandes dificuldades chegar à conclusão de que quase tudo nessa vida é relativo e que na realidade não vivemos neste mundo onde há uma constante batalha entre o Bem e o Mal, ou que pertencemos ao time da Luta ou da Glória.

A vida é, na verdade, um lindo e complexo emaranhado de variáveis em que nem sempre se alcançará os dias de glória pelos simples fatos de haver dias de luta. Na vida somos hora vilão, hora mocinho, além de fazer participações especiais como pedra no caminho e as vezes a vítima que na maior parte das vezes não necessita de resgate.

A verdade dói. Oh se dói! Esse sim é um ditado que faz jus e acredito que deveria ser dito com frequência aos quatro cantos do mundo.

Doí tanto, pois, a verdade massacra o ego. O ego alimentado pelas modinhas dos likes, share e follows. A verdade é que somos absolutamente "nada de especial", enquanto perdemos tempo e gastamos nossa energia em rótulos e rankings superficiais e vazios.

O que nos torna especiais e únicos é aceitar de fato a nossa de importância, ser autêntico abraçando nossas imperfeições dedicando nosso bem mais precioso, o tempo, ao que amamos e com quem importa.

Em tempos imaginados somente em filmes de ficção cientifica, tais verdades afloram como flores na primavera, sem rodeios nem filtros, só não enxerga quem não quer ver.

O futuro é agora!

Vera carvalho – Reino Unido

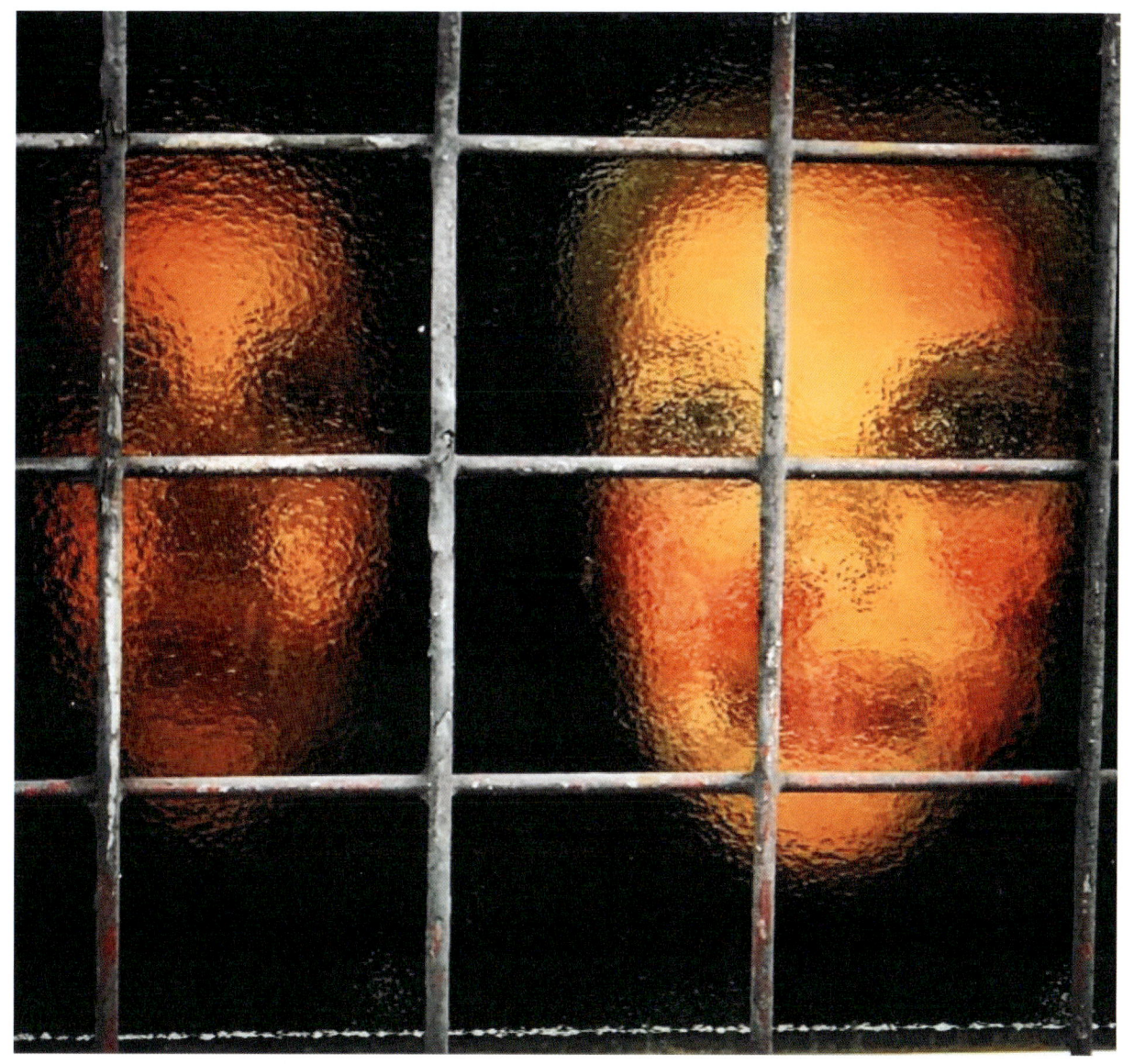

Regina Mester – Reino Unido

Acorda Povo!
Estamos em quarentena e uma sentença de morte ou sorte circunda - amanhecer é um alívio!
 Portas se fecham, as pessoas se distanciam e os dias transformam-se em noites remendadas. As prateleiras dos supermercados estão vazias, preciso comprar mais desinfetante, reabastecer a geladeira e congelar alguns itens essenciais. Máscaras são necessárias e já não encontro mais papel higiênico. No momento não decifro o que sinto, só sou feliz por existir!
 Hoje caminhamos no parque ante um céu mais azul e um sol mais vívido e ao voltarmos para casa, jantamos e assistimos um excelente filme que exibia respeito e justiça - Transportei-me!

O tempo não para, apenas a vida, sem tampouco rastrear o próprio óbito! Morreram de quê? Parece que morreram de um vírus cruzando a esquina ... Da China?

E das tantas conversas entre paredes espessas, escutei: 'Não entendemos o ruído do silêncio ou o rumor do segredo' - disseram aqueles que continham uma percepção distraída e que ainda conseguiam saborear selváticamente, os restos da festa de um ontem que não trará mais o mesmo amanhã.

Há uma neblina inquilina vinda dos tais segredos confinados e que não estão nos jornais - Ela traz arrepios! E diante dessa paralização global, eu me adorno e me rearranjo como um vaso na estante. Isso é contentamento? Fuga, talvez.

Os pássaros não param de cantar e cantam até nas madrugadas. As horas deslizam suavemente, como um espaço desprovido de conteúdo e eu abraço essa vida minha! Minha família me enriquece de uma alegria que se alegra só de possuir esse amor. Fiz pão de queijo e todos comeram felizes!

A nossa caminhada de hoje foi agradabilíssima. Conseguimos caminhar doze firmes quilômetros naquele parque enorme e de beleza silvestre! Amanhã, se eu não fizer a minha favorita ginástica rítmica, iremos visitar o outro parque - aquele menor e muito mais aconchegante! Devo lembrar de tomar as vitaminas todos os dias, pois, são quase irmãs nessas horas.

Ligo a TV e as tantas mortes de seres contaminados, representam não mais do que uma soma progressiva de 'números' - Quanto mais corpos mortos, maior o impacto, maior o pavor! Esses seres falecidos 'existiram' e mesmo que eu tente, não consigo escapar desse sonho acordado - mas há um certo conforto em lágrimas! Então lembro de pessoas que amei e que um dia também partiram, deixando uma saudade colossal em mim. O amor é o meu vigor, minha fortaleza!

Os dias da semana perderam suas formas. O tempo já não tem mais a mesma importância e as horas transformam-se em momentos mais palpáveis. Hoje dancei, cantei e me esbaldei. Arrumei a casa e cozinhei peixe com batatas e aspargos ... Estava uma delícia! E diante da minha fragilidade, encorajei-me extraordinariamente. Uma beleza desconhecida pude admirar, uma melodia nova escutar e sensações variadas pude sentir - sou outra pessoa. Uma pessoa mais leve e resistente.

Escuto o caminhão do lixo lá fora - Nossa, já são onze horas da manhã ... Dormi feito uma pedra! Dou uma olhada nas notícias e leio sobre o abuso doméstico, sobre o desamor e o desespero no confinamento. Leio sobre a desinformação desse organismo que dissemina e contagia, da falta da prevenção e da veracidade de sua existência.

'Há uma falha maculada na conservação e preservação de vidas' - O velho virou um produto descartável, os doentes e enfraquecidos, uma adição no empacotamento indigno de corpos. Há perguntas sem respostas, bocas famintas, há desemprego, há descrença, há desassossego - O mundo é um palco e os homens são enganadores!

Há também aqueles que salvam vidas e correm riscos de vida! Há respeito nesses seres! Aplausos!

Todavia, ainda desejo ardentemente escutar o ruído de vozes que acariciam - somente as vozes não distorcidas e as imperturbadas! Mas os 'sinos' não param de bater ... Há ecos em minha mente, há medos austeros, há um silêncio indiscreto e há uma estranha inquietude que me enfada.

Isso não é novo! Acorda povo!

Regina Mester – Reino Unido

SONATA DE OUTONO

Entoo cantos entre pedras,

Silencio como as folhas mortas

Tragadas pela aurora imaculada.

Minhas errâncias jazem absortas!

Sinto o cheiro do orvalho

Das águas que fecham o verão

E descruzam o voo dos pássaros

Que se perdem no azul infinito.

Das entranhas despertam as ilusões:

Um punhado de cinzas anunciam a partida

E os segredos do destino.

(Re)começo outro bordado...

Giram os ponteiros,

Movendo meus calendários!

Rita Queiroz – Brasil

Aprendizado do vírus

Eu aprendi com o corona vírus:

Que fazia muito tempo que eu não parava pra realmente apreciar o céu, pois sempre tinha algo mais importante pra fazer

Que eu não tinha assistido uma tempestade em tantos anos que nem lembrava mais a beleza de ver um raio cair e como é difícil de capturar um raio numa foto, pois leva tempo e eu nunca tinha tempo pra esperar

Que eu não sabia que eu precisava que um vírus surgisse pra me fazer ficar em casa e ser obrigada a parar, pois eu não sabia que estava perdida e precisava me achar, me reencontrar

Que mesmo com todo o tempo do mundo ao meu dispor eu ainda uso a desculpa de que não tenho tempo suficiente pra não fazer coisas que eu não quero fazer, ao invés de simplesmente dizer, não quero fazer isso, é sempre mais fácil culpar o tempo

Que o meu lockdown na verdade é o meu cocoon e quando esse período acabar, eu estarei renascendo, saindo do meu cocoon pronta pra abrir as asas e voar

Que o meu futuro vai ser diferente do que eu imaginava a 3 meses atrás e todas essas mudanças vão me levar a um futuro melhor

Que ninguém é uma ilha e que todo ser humano precisa de outro ser humano pra manter a sanidade, mesmo que seja pra brigar ou reclamar, nós precisamos uns dos outros

Que o mundo precisava que um vírus, a menor das espécies, nos ensinasse a acordar pra vida, para o que é importante

Que eu acredito e espero que tenhamos um lugar muito melhor para vivermos depois que a tempestade passar!

Roberta Mattos – Nova Zelândia

Reflexão Em Tempos De Quarentena

Devemos encarar esse momento difícil para todos nós como algo positivo, pois no silêncio da quarentena voltam-nos para dentro de nós próprios e entendemos o valor da palavra solidariedade. Num instante damos conta que estamos todos no mesmo barco, ricos e pobres. Muitas prateleiras dos supermercados vazias e os hospitais cheios. Os carros de luxo ou antigos estão parados nas garagens simplesmente porque ninguém pode sair. O medo invadiu todos nós. De repente o trabalho deixou de ser prioritário, as viagens e o lazer também. Os pais estão em casa com os filhos em família. De repente as pessoas passaram a ter tempo, tanto tempo que nem sabem o que fazer com ele. Tudo isso serviu para nos darmos conta da vulnerabilidade do ser humano. Obrigada por nos parar e nos fazer enxergar que a felicidade está nas coisas mais simples da vida....

Rosilene Magalhães – Reino Unido

Alícia Mariah D. Costa – 9 anos - Reino Unido

LEMBRANÇAS DE UMA INFÂNCIA

Em tempos de reclusão, sentimentos que outrora, pareciam extintos, petrificados, no mais íntimo do âmago, semelhantes a jardim secretos, renascem tímidos no peito e pouco a pouco, dia a dia, tornam-se gigantes.

Afloram como ondas revoltas sobre as águas num vai e vem inquietante de recordações a ponto de eu desejar compartilhar com outras pessoas fases de uma doce infância.

Em um tempo e lugar não tão distantes, no recôndito das coxilhas, lugar onde o verde parece ser mais verde, o azul mais azul, onde o sol nasce dourado e desfila na cortina celeste com nuvens de algodão acariciando os topos das árvores. Onde o entardecer alaranjado, por mãos Divinas cria desenhos únicos ao longo do horizonte.

Os pássaros saltitam de galho em galho emitindo o canto melodioso e único. Recanto do sabiá-laranjeira.

Onde tudo reina, tudo com vida própria e encantada.

No topo da ladeira, a vegetação rasteira emoldura a simples casa, construção típica polonesa. A nossa casa! Ladeada por árvores frondosas. De frente um mar de areia branca e fina que afundava os pés sem esforço. Inúmeros castelos divertidos construí ali.

No percorrer da estreita estrada a outras texturas arenosas e cores saltam pelas barrancas num visual incrível, por 3Km até chegar à escola. Diversas espécies de verde formas e tamanhos que a natureza capricha em paisagens típicas do interior.

Casas esparsas davam vida pelo caminho. Réplicas polonesas, cercadas de ripas na vertical, revelavam a beleza e colorido dos jardins floridos que emergiam desses interiores. Rosas vermelhas, camélias brancas, boca de leão roxas, brincos de princesa, palma de santa Rita (Gladíolo) multicoloridas e uma infinidade de flores que eu desconhecia.

As frestas verticais das cercas, formavam mini janelas para um paraíso colorido das borboletas, joaninhas, pássaros insetos e meus olhos.

A magia das brincadeiras na areia, esconde-esconde casinha no mato, bonecas de pano, caçar vagalumes, espreitar o ninho do Beija-flor fizeram parte desta infância.

Há, porém uma outra parte. Sombria! Que não convém relatar neste momento.

Se tinha castelo?? Ahh!!! Era a minha casa durante o dia!

Mas, ao cair da noite tudo mudava! A negritude assombrava e me transportava para o mundo dos mortos, almas penadas, mulas sem cabeça, sacis, boitatás.

Até as árvores que eram amigas durante o dia, ao cair da noite farfalhavam de modo assustador e criavam caricaturas horripilantes.

As noites eram infindáveis, tanto quanto as minhas insônias. O alvorecer desejado ansiosamente por uma criança, vinha a passos lentos lá da terra dos sem fim.

Destas recordações, há uma especial! Guardada no peito feito. Joia preciosa! Como tesouro escondido e sem mapa.

Uma rainha fora do trono, princesa sem vestido de festa, fada sem varinha de condão. Flor que não murcha.

Olhos da cor do céu em dias de verão. Corpo esguio igual a boneca de porcelana.

Voz terna, cabelos finos que não sei definir, pele clara evidenciando as marcas dos anos já vividos, talvez não tão bons como planejara um dia.

Na sua delicadeza corpórea residia o melhor colo, o melhor afago, o melhor aconchego.

De Exímia confeiteira de bolachas a contadora de histórias.

Marica! Como dizia Vovô Domingos...

Parece-me que já nasceu sábia! Apaziguava atritos com poucas palavras, e da mesma forma aconselhava.

Um baú de histórias encantadas habitava em sua mente. Quantos mundos imaginários tinha minha avó Maria dentro dela???!!

Hoje, e tantos outros dias me bate uma saudade desta avó. E eu digo baixinho, fica no meu jardim secreto vó! Foi a Sr.ª mesma quem o plantou.

Rosita Maria Bedin – Brasil

Minha mensagem de esperança nessa época de crise mundial da pandemia Covid-19 (Marco de 2020).

Nesse momento tão difícil que estamos vivendo no mundo com essa terrível epidemia temos visto de tudo um pouco como pessoas tirando vantagem, aumentando preços, muita fake News especulações, etc. Por outro lado também muitas coisa boas surgiram, o que mais me surpreendeu em tudo isso foi ver que ainda podemos contra uns com os outros que apesar das perdas e incertezas dessa situação nos trouxe, também nos mostrou muito amor, união e solidariedade entre as pessoas no mundo todo.

As pessoas nos dias de hoje estão sempre muito ocupadas, correndo e nem tem tempo pra família e para coisas simples do dia a dia, mais com essa pandemia estão tendo a oportunidade de estar mais perto da família. O fato de estarmos isolados em casa e ter que manter a distância social tem sido muito difícil para todos nós criando situações difíceis para muitos in termos de relacionamento e causando até separações e violência doméstica em alguns casos o que e muito triste e também mostra o quanto desaprendemos a conviver em família, mais também muito beneficial para unir outras famílias e claro prestarmos mais atenção e cuidado uns aos outros em casa coisa que há meses atrás achávamos impossível isso pra mim são os pontos positivos e negativos da crise que estamos passando. Toda essa trágica situação está nos mostrando que podemos sim arrumar tempo para as pessoas que , podemos sim viver com menos, podemos sim ser doadores, podemos sim ser mais humanos e conscientes e ver em tudo isso a oportunidade para sermos seres humanos melhores daqui pra frente, para mim a lição mais importante que podemos tirar disso tudo. Acredito que quando tudo passar seremos pessoas melhores e que todo amor, solidariedade e cuidados entre nós agora prevaleça e sirva de exemplo para gerações futuras. Peço a Deus que abençoe nossos filhos para cultivem esse amor ao próximo que o próprio Jesus nos ensinou e a pandemia Covid -19 nos reensinou. Minha eterna gratidão aos profissionais de saúde que estão na batalha pra cuidar de todos que estão doentes, correndo riscos o tempo todo e também a todos que precisam trabalhar em meio essa turbulência toda. E emocionante ver e participar dos aplausos a eles todas as quintas-feiras as 8 da noite em Londres como suporte e reconhecimento ao trabalho do NHS. Só tenho a agradecer a Deus em primeiro lugar por estar com saúde, gratidão também a minha Family, amigos, e ao país onde vivo Reino Unido, por todo suporte e cuidado com seu povo pelo governo Inglês.

E particularmente acredito que nada e por acaso, Deus tem um proposito em tudo que acontece em nossas vidas, por isso temos que tentar ver o que há de bom por trás de uma crise terrível como essa, quais lições tiramos disso e o que eu passaremos aos nossos filhos. Uma coisa que podemos ver com clareza e que a natureza através dessa pandemia está tendo oportunidade de se refazer um pouco dos danos causados por nos seres humanos ao longo dos anos, o que seria simplesmente impossível se tivéssemos parado por esse tempo pense nisso.

Quero terminar com essa frase de Platão que acho muito apropriada "Não espere por uma crise para descobrir o que é importante em sua vida".

Que Deus abençoe a todos com muita saúde, paz e muito amor. Gratidão sempre!

Sonia A. Pereira – Reino Unido

Stela Cabral - Reino Unido

Menina morena

Menina morena, tão pequena, com sonhos paralisados, por um vírus que condena.
Menina morena, nesta quarentena, enquanto o mundo adoece, observe o que a saúde ordena.
Menina morena, delicada como Açucena, organiza sua vida, enquanto da janela acena.
Menina morena, toda tristeza drena. Para que a transformação, em sua alma, seja plena.
Menina morena, A vida é uma grande arena, E entre tantos problemas, basta uma atitude, para o milagre entrar em cena.
Menina morena, acredite que nesta vida terrena, doar amor, é o que mais vale a pena.
Menina morena, Permanece serena, Pois sabe que o futuro, Deus coordena.

Stela Cabral - Reino Unido

Dentro & fora, Fora & Dentro, a R-evolução Interna

8 de março de 2020. As malas acabavam de ser desfeitas e eu sabia que elas agora ficariam bastante tempo adormecidas no maleiro. Acabava de voltar de duas viagens sequenciais entre duas cidades onde o vírus tinha explodido: Milão e NYC. Então, a coisa mais lúcida a fazer para proteger a mim e aos outros, era imperativamente FICAR EM CASA.
Hora de rezar para que nas próximas semanas eu não desenvolvesse nenhum sintoma desse "bichinho" impertinente e, caso tudo ok, agradecer e, *again*, agradecer. Agradeci!

E agora José?
Me deparei com os meus armários que são normalmente bem organizados - mas sempre existe uma maneira de deixar eles ainda mais enxutos - e logico, os armários do meu marido (ai!), dos filhos que já não moram mais aqui, mas que agora estavam prestes a voltar para casa (ai, ai, ai!). Tenho muito trabalho pela frente.

Resolvi colocar em prática o que faço profissionalmente na casa dos outros:
Etapa um – encontrar o que te faz feliz
Ataquei os armários de roupa com minha "técnica" de hoponopono, onde faço as seguintes perguntas:
Amo muito? Isso me faz feliz?
- Sim, sim, sim!!!! (então fica).
- Não sei, mais ou menos, quem sabe... (então vai) - "Sinto Muito, Me Perdoa, Eu te Amei, Obrigada". Pronto. Logo tenho duas pilhas - uma volta feliz pro armário, a outra vai fazer alguém feliz em algum lugar.
Não tenho medo de me desfazer. Sei que isso volta em dobro e atualizado ao gosto do dia. Primeiro, porque agora TEM espaço para o NOVO, segundo porque tudo o que você DOA de coração, VOLTA triplicado.

Etapa dois: mudar de casa, dentro de casa
É simples, mas eficaz. Peguei todos os objetos de decoração (vasos, bibelôs, porta-retratos, livros, etc. – tudo, tudinho mesmo) e coloquei em caixas. Neste momento já aproveitei para separar aquilo que achava que merecia um novo dono e juntei na caixa "boa-ação".
Resultado: armários limpos, mesas vazias, ambiente respirando de maneira diferente.

Hora de trocar (dentro do possível) os moveis de lugar. Apelei para a imaginação. E usei todas as possibilidades. Já que o "bichinho" veio para revermos nossos valores, vamos rever de corpo e alma. O resultado foi incrível. Tudo tinha brilho de novo. Entendi que nossos moveis também precisam de um detox mesmo que temporário. Isso não só trouxe um novo look para a minha casa, mas facilitou a limpeza tremendamente! ALELUIA! A casa emagreceu vários quilos de uma só vez. Fiquei fascinada.

Etapa três: Organizar fora - organiza dentro
Uma das coisas que aprendi na época que fiquei no Japão foi o valor da limpeza. Para eles isso é um ritual que toca a alma do ambiente e a sua.

Limpar é dar espaço para se desfazer de coisas que estão "bloqueando" a sua vida (incluindo maus espíritos que eventualmente podem estar morando na casa) eliminando sentimentos negativos e renovando as energias acumuladas. É uma excelente forma de se reenergizar e reequilibrar espiritualmente.
E como na vida tudo é mais simples do que parece, esta técnica é uma delícia.
Basta fazer uma limpeza (principalmente aquela que você vem adiando) com a INTENÇÃO de se desfazer daquilo que não está bem.
Pode ser um desentendimento com (filhos, marido, amigos), pode ser a dúvida sobre seu futuro profissional, pode ser eliminar um medo que te persegue, um sentimento que te paralisa... Escolho um objetivo claro e ofereço esta limpeza para solucionar este "desafio".
Antes de começar - faço uma prece, coloco uma música e me conecto com o mais puro sentimento de realmente solucionar o que está me incomodando. Afirmo que a limpeza deste local, armário, louça ou banheiro é na *intenção* de resolver a tal pendência. Repito isso durante a limpeza: "estou limpando e eliminando todas as dúvidas sobre (e menciono a minha intenção) e faço isso com **amor**. É simplesmente magico.

Hoje, faz 64 dias que estou em casa. Houve momentos difíceis? Sim, mas honrei cada um deles como a situação merece. Revi conceitos e aproveitei também para uma limpeza mental, desconectando-me de tudo e todos que realmente não agregam valor à minha existência e ainda percebi que posso viver facilmente com menos da metade do que tenho.
Limpei, organizei, curei. Que delícia!

Stella Pelissari - Reino Unido

Gabriel Piccoli Zanotto - 13 anos - Italia

O desenho representa a rua de frente da nossa casa, vazia.

Ele escreveu:" Nessa época não se pode sair de casa (somente para ir ao supermercado) e então quase não passam carros na rua. Tem tanto silencio que dá até para dormir no jardim. Parece que estão nos ameaçando. Essas semanas em casa parecemos estar em uma prisão luxuosa.
são um pouco chato ficar em casa, pois não podemos visitar os amigos e eles nos visitar. As lojas estão todas fechadas e para ir ao supermercado precisa um documento de justificativa e também precisa usar luvas e máscara.
Gostaria de voltar logo para a escola para ver os amigos mesmo se nós ligamos quase todos os dias. Minha preocupação nesses dias de quarentena é que o vírus aumente fortemente no mundo.
Espero que esta epidemia acabeeeeeeeeeeee!!!!!!!!!!!

Gabriel Piccoli Zanotto – 13 anos – Itália

O TEMPO

Abri os meus olhos... que horas são?? Meu Deus, estou atrasada! Preciso sair correndo!

Quantas vezes aconteceu isso com você durante este período de confinamento?

Alô, Mãe... tudo bem?? Posso falar com você mais tarde? Estou numa correria agora, tenho uma reunião logo mais e preciso sair correndo...

Parece familiar essa situação?

Diariamente corremos contra essas sequências de acontecimentos, determinados pela quantidade de coisas que temos que cumprir, como se cada ação precisasse completar umas às outras para que o andamento de nossas vidas tome o rumo planejado.

Por que nós perdemos nesse caminho? Ou onde assumimos para nós esses hábitos de estarmos sempre "na correria"?

Pare para pensar e reflita...

Os tempos que se aproximam vem embalados por uma nova era, que está trazendo uma consciência plena e mais profunda, sem laços religiosos e ao mesmo tempo absorvendo muito o ensinamento de todas elas, abrindo espaço para a exploração de várias formas de entendimentos que antigamente chamávamos de "alternativos", onde o tempo e o espaço já não são mais urgentes como antes.

Esse momento vem questionar muito a nossa fé, criação, renascimentos e a nossa própria existência!

Pode parecer singular e individual, pelo fato de estar levando o olhar mais profundo ao nosso "eu" e o que "somos" e a necessidade de despertamos, mas se trata de um momento coletivo onde a descoberta de uma nova consciência estará despertando e estimulando a compaixão e o amor incondicional... e no plural!

Hora marcada e cronometrada já não tem a menor importância... segunda, quinta ou domingo não possuem mais aquele peso ou alívio...

Para algumas pessoas esse momento traz insegurança, medo, sentindo que estão perdidos, e tudo isso porque estão aprendendo a lhe dar com uma coisa que nunca tiveram sobrando... o "tempo"

Tragados pela "correria do dia a dia" esquecemos o que realmente faz sentido e o que é de fato importante... apenas queríamos sair correndo e fazer logo o que tinha para ser feito.

Realmente é assustador quando não sabemos o que fazer com ele, é como se todo o nosso corpo paralisasse... e a nossa cabeça começasse a girar sem parar... E agora? O que posso fazer?

Passamos a vida inteira desejando ter mais, nos amarguramos quando pensamos que um dia foi desperdiçado e poderíamos ter usado para amar mais, jogar mais conversa fora... rir mais ... ou a até mesmo parar e admirar um pôr do sol.

E hoje tudo o que temos é ele ... o "Tempo"

E ele vem ora impiedoso e veloz... ora calmo e sereno... o que ele vem nos mostrar??

Vem nos trazer a oportunidade de compreender que tudo o que precisamos está dentro de nós e não fora! Que o controle e a sua gestão não aprisionam nem nos liberta!

Nos ensina a compreender que ser é mais importante do que ter... e de que cada experiência é um passo para a consciência plena de nossa própria divindade, não existe mais o certo ou o errado, doce ou amargo... e o tempo completamente a nossa disposição para apreciarmos e aprender com essas dualidades!

E isso não é incrível?? Dá um alívio na alma não é mesmo?!

E com a sutileza dessas oportunidades me fez lembrar da canção "Oração ao Tempo" de Caetano Veloso...

Compositor de destinos
Tambor de todos os ritmos
Tempo, Tempo, Tempo, Tempo
Entro num acordo contigo
Tempo, Tempo, Tempo, Tempo...

Aconchegue ele entre os seus braços e aproveite, pois agora é todo seu!

Susy Shikoda - Reino Unido

De repente a coisa ficou feia.

Ficou difícil de sorrir né?

Eu sei!!

Mas não tenha medo de recomeçar.

Continue a nadar!

Vamos lutar, vamos vencer. Juntos!

Respira fundo e concentra. Na fé.

Tudo isso vai passar.

A nossa vida é uma história que escrevemos todos os dias.

Theresa dos Santos - Reino Unido

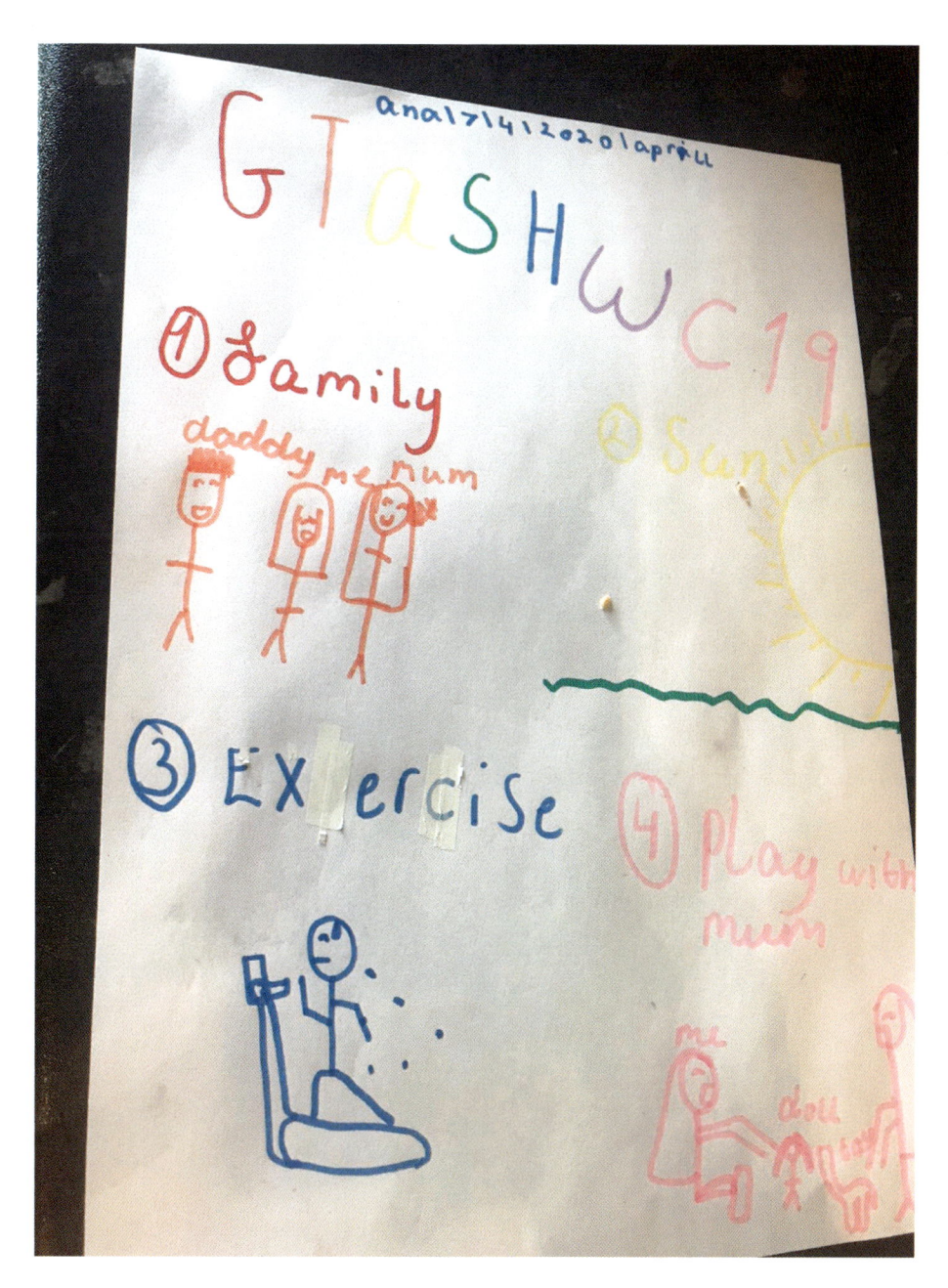

Ana Maria Prado Castro – 9 anos - Reino Unido

Filosofei na Quarentena

Não temo a hora da partida.

Sei que estou de passagem pela vida.

Como o sol que nasce e se põe todos os dias

A existência principia.

Tudo progride

Tudo evolui

 numa divina cadência

Como a vida e a morte,

o sol e a lua,

a noite e o dia.

Fértil é o campo

Da "transformação"

Que adversidade propicia.

Vilmara Bello – Brasil

O mundo parou, paramos a vida corrida e finalmente começamos a ver o que é importante à nossa volta.

Filhos, pais, avós, animais a solta nas cidades, tudo que passava batido, não passa mais e nunca mais será o mesmo mundo de antes.

Mudamos, mudaremos sempre pois somos um eterno desenvolvimento, desta vez acelerado ou melhor parando um pouco.

Sinto pessoas afobadas por voltarmos ao que era, porém não haverá mais o que era, haverá uma era nova, de novas situações cotidianas.

O mundo não podia parar, não podíamos consertar a camada de Ozônio, não tínhamos como ficar sem carro, sem trabalhar, sem isto ou aquilo e agora estamos sem nada daquilo.

Que diferença, que beleza. Pena que os cegos não verão, cegos não de olhos, mas de capacidade de entendimento, de vivência de vida, de ouvir o que se passa ao seu redor.

Só os fortes sobreviverão, os fracos morrerão de tédio, de tristeza, de saúde, de tudo mais.

A vida mudou!

Vitória Nabas - Reino Unido

Sabe o que é mais interessante?

É ver as pessoas com sentimentos que tenho desde que sai da minha zona de conforto.

Existem aspectos emocionais que só quem deixa o seu país consegue entender e agora estamos unidos neste contexto.

A palavra saudade é difícil de traduzir, mas para mim, significa valorizar e nunca teve um significado assim profundo, como neste momento. Acredito que o mundo inteiro aprendeu a decifrá-la.

A impotência de fazer alguma coisa por alguém que você ama e não poder ajudar pelo simples fato de ter um oceano separando vocês, é a mesma impotência que estamos sentindo neste momento, com uma diferença: "estamos a poucos quilômetros de distância".

São desafios diários impostos pela necessidade de aprender a lidar com o outro e com o novo!

A visão que tenho agora das pessoas que deixam o seu ninho - a sua zona de conforto - e partem para o desconhecido, é uma visão de admiração e respeito.

O sentimento de estar longe de alguém que você ama, de querer abraçar, participar de datas importantes, a dor de sentir um ente querido ir embora sem poder se despedir.... diga-se de passagem, é um fiel companheiro na vida de um imigrante.

Nunca imaginei que um invisível fosse capaz de traduzir tudo isso em uma maneira tão simples, rápida e silenciosa.

Tudo ou quase tudo o que um imigrante sente ao deixar o seu País, acredito estarmos vivendo todos juntos com a chegada desta Nova Era em nossas vidas.

Para mim ficaram três lições:

Fazer da interrupção um caminho novo; do medo a coragem e da procura um encontro.

Magda Aparecida Pinto – Itália

Pensamentos escorregam, mentes doentes, humanos descontentes....Um lindo planeta 🌍 colorido, onde simples grãos caídos em solos umedecidos amadurecem e se transformam em alimentos...O que está acontecendo com o planeta 🌍 ?Sinto-me vazia, sinto-me oca e fosca, sem penetrar em mim mesma, onde estamos nós?

Vamos mudar está história, vamos desbravar está terra 🌍 com amor e respeito, vamos abraçá-la como abraçamos nossos filhos...

Acorda homem, estamos vivendo como moribundos....

Vamos aproveitar a vida com saúde, vamos caminhar nesse planeta 🌍 com determinação e com ação, chega de temor, chega de terror, vamos ter mais amor♥♥♥

Regina Costa Mello – Reino Unido

#QUARENTENARERAREI...

Em um teste... de paciência...
Praticando a inteligência emocional...
A reclusão unindo ainda que separada...
Nos fazendo sentir como folhas carregadas pelo vento
Reciprocação na profunda aflição...

Um por todos... todos por um...
Quando ninguém a salvo está...
A desatar nós da rotina
A reinventar-se e a "resiliênciar-se"

O incerto... o temor... a incerteza
Conforto na veemência do lar
Conserva-se o que de fato importa
Gratidão! Despertar!
E o amanhã como será?

Ninguém a salvo... Todos a deriva...
Trama se um novo horizonte
Planos... pressa... desalento...
E novamente a calmaria

Te aquieta... já é um novo dia
Quem sabe a frustração venha te buscar
Ou você pegue carona com a criatividade
E pelo menos por hoje...
Que um sorriso venha te abrilhantar... e

Pera, que o sol já vem... para nos lembrar
Que ainda há muita luz para brilhar
Violão a tocar, voz a cantar
Solidão para confrontar... Amor para recriar...
Aonde o vazio tentou habitar...

Daiana Bruce – Reino Unido

#IWILLQUARANTINE ...

In a test… of patience…
Practicing emotional intelligence ...
The seclusion uniting yet separating ...
Feeling like leaves carried away by the wind
Reciprocation in deep distress ...
One for all, all for one ...
when no one is safe ...
Untie knots from the routine
Reinventing itself and "resilience"
The uncertain ... the fear ... the uncertainty
Comfort in the vehemence of the home
It conserves those who really mat ter
Gratitude! Awake!
And how will it be tomorrow?
Nobody's safe…
Comfort in the imagination ...
Plot a new horizon
Plans ... hurry ... despair ...
And again the lull
Be still… it's already a new day
Maybe the frustration will come and get you
Or you hitchhike with creativity
and at least for today ...
May a smile come to brighten you up… and
Wait for the sun to come ... to remind us
that there is still a lot of light to shine
Guitar to play, voice to sing, shyness to overcome
Solitude to confront… Love to recreate…
where the emptiness tried to live...

Daiana Bruce – Reino Unido

Eu e meus queridos amigos

Cantando e tocando com o meu amor

A primeira vez que ouvi falar sobre o COVID 19, era pleno verão, a casa estava alegre, barulhenta e cheia de hóspedes amados. Para mim, Yangon encontrava-se no auge de sua luminosidade.

Não parecia tão sério: Só mais uma epidemia...

Eu particularmente já havia passado pela SARS, pela gripe aviária e pela gripe suína. Nada de novo. Vivenciar todas essas epidemias históricas sempre me causaram um misto de medo e inquietação, mas no fim das contas minha família estava na Ásia exatamente para isso: Combater uma epidemia. Então me condicionei a não temer a morte, nem mesmo tendo uma saúde frágil e sendo absolutamente vulnerável fisicamente.

Meu marido é funcionário da ONU. Trabalha na Organização Mundial da Saúde e há cerca de quinze anos viajamos pelo mundo afora para enfrentar (e afrontar) a epidemia de HIV/Aids no mundo (e agora foi relocado para a linha de frente no combate ao COVID).

Ouvimos falar do COVID 19 logo após o primeiro caso. Myanmar faz fronteira com a China, e é "coalhado" de trabalhadores vindos de Huan.

O governo foi rápido em fechar as fronteiras e em adotar o isolamento social, o que salvou muitas vidas. As escolas fecharam e escritórios adotaram home office.

Myanmar é um país muito pobre, humilde, cuja saúde é pior do que precária, não podemos "nos dar ao luxo" de termos uma pandemia dessa natureza por aqui.

Não temos sistema de saúde para lidar sequer com o básico.

Aqui costuma-se dizer assim: -Onde fica o hospital mais próximo?

- Fica em Bangkok, ironiza-se.

O caminho mais curto para tratar direito de uma gripe ou fratura, é o aeroporto. A maioria de nós viaja até para um tratamento dentário mais complexo. O que dizer de uma pandemia, mortal e assustadora?

Nosso primeiro inimigo foi o pânico, e com ele começou o calvário das comunidades expatriadas: Decidir entre ficar ou fugir.

Sei que fugir parece uma palavra forte, mas ela se adequa. Muitos estrangeiros saíram daqui às pressas rumo a seus países de origem, ou a próximos com maior infraestrutura como Tailândia e Singapura.

A dúvida e o medo nos afetaram em cheio: Evacuar com a cria ou arriscar.

Assistíamos "de camarote" a epidemia crescer a passos largos ao redor do mundo, mas o primeiro caso só chegou aqui no final de março, embora estivéssemos trancados desde o meio de fevereiro.

Além da insegurança sobre termos condições de passar incólumes pela epidemia, havia os boatos sobre insurreições, fome, violência e carestia, por conta do fechamento das fronteiras e do lockdown, que finalmente chegou de forma quase definitiva sobre nossas vidas.

Essa incerteza era um veneno corrosivo minando lentamente nossa paz de espírito, mas o pior de tudo foi assistir à distância o vírus devastar as vidas de pessoas que amamos, e não poder fazer nada. Foi como se estivéssemos dentro de um quarto do pânico, seguros, mas assistindo pelo vidro, um invasor assassinar um a um, nossos entes queridos.

Minha mãe de setenta anos e saúde frágil foi internada às pressas. Vários dias sem ter notícias coerentes sobre o que estava acontecendo. Foi torturante.

Perder amigos pela morte ou partida também foi de uma dor lancinante.

Lembro da última vez que vi Júlia e Jasmina. Não era quarentena ainda, mas já adotávamos o distanciamento físico.

Dissemos adeus, sorrindo, mas por dentro de mim um rio de lágrimas escoava pelo peito. Sem perceber nos lançamos num abraço. Então subitamente recuamos. Abraços são perigosos!

Quanta crueldade em uma doença que não se contenta apenas em roubar-nos aqueles que amamos, mas ainda nos rouba o direito de nos despedirmos.

Fabiana Mesquita - Maynmar

Aplausos na varanda

Agradecimentos

Queridos Colaboradores

Agradecemos o empenho e a participação de todos que com seus textos e desenhos, também a capa e prefácio contribuíram para que o projeto "Aplausos na Varanda" se realizasse.

Foi incrível ver como cada um expressou os sentimentos que afloraram durante este tempo de pandemia e quarentena.

Alguns choraram, outros se apavoraram e outros se reinventaram... e assim conectados por uma mesma experiência, criamos esta coletânea que ficará na memória de todos e como referência para gerações futuras, do que foi este tempo de pandemia COVID-19.

A cada um dos colaboradores deste projeto, aos trabalhadores da saúde do mundo todo, aos trabalhadores de serviços básicos e aos cientistas, o nosso "aplauso" como forma de agradecimento.

Gratidão!

Vanderli Bello & Sandro Vita

Aplausos na varanda

Aplausos na varanda

Printed in Poland
by Amazon Fulfillment
Poland Sp. z o.o., Wrocław